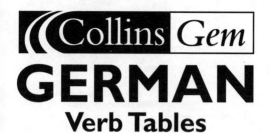

Collins Gem

GERMAN
Verb Tables

CollinsGem

An Imprint of HarperCollins*Publishers*

third edition 2001

© William Collins Sons & Co Ltd 1984
© **HarperCollins Publishers 1995, 2001**

ISBN 0-00-710204-6

Collins Gem® is a registered trademark of
HarperCollins Publishers Limited

The Collins Gem website address is
www.collins-gem.com

The HarperCollins USA website address is
www.harpercollins.com

Ilse MacLean • Lorna Sinclair

editorial staff
Horst Kopleck, Megan Thomson

editorial management
Vivian Marr

A catalogue record for this book is available from the British Library

Typeset by Wordcraft, Glasgow
Printed and bound in Italy by Amadeus S.p.A.

INTRODUCTION

Your **Collins Gem German Verb Tables** is a handy quick-reference guide to one of the most important aspects of the German language. All the essential information about German verbs and how to use them is covered and the clear, user-friendly layout makes learning verb endings and irregularities easy – and fast!

The book is made up of three sections. The first section provides a detailed explanation of all the tenses the learner will need to know for all types of verb, whether weak, strong or mixed, along with the instructions on how to form the present participle, the past participle and the imperative. Compound tenses are explained in full, as is the use of the passive voice. Separable and inseparable verbs are dealt with and verbal prefixes listed. Examples of reflexive verbs are given as well as verbs followed by prepositions, and there is an outline of the verb's position in the clause.

The second section – the main part of the book – shows, in alphabetical order, 200 useful German verbs in their most commonly used tenses. Each verb is clearly laid out across the page with the learning points shown in bold type – no more searching for where the stem ends and the ending begins. You could see at a glance which verb ending to use for which tense and which person, as well as whether the verb is weak or strong and which auxiliary verb it uses to form its compound tenses.

Finally, the third section of the book is an alphabetical reference list of over 2,000 widely used verbs, each with a number referring the reader to a verb pattern in the main verb tables.

CONTENTS

GLOSSARY

auxiliary verbs: **haben, sein, werden,** used to form compound tenses

compound tense: formed with the auxiliary verbs **haben, sein,** or **werden,** like English compound tenses formed with "have", "shall", "will" *etc*

ending: a suffix showing the tense and person of the verb

infinitive: the base form of the verb, found in dictionary entries; the infinitive ends in **-en**

inseparable verbs have a prefix which cannot be separated from the main verb

mixed verbs have a vowel change but add weak verb endings in the imperfect indicative tense and in the past participle, e.g. brennen → brannte → gebrannt

modal verbs: a set of six irregular verbs used to express permission, ability, wish, obligation and necessity

separable verbs have a prefix which is separated from the main verb in certain positions in the sentence

simple tense: formed by adding endings to a verb stem

stem: the basic part of the verb, formed from the infinitive by dropping the **-en**

strong verbs have a vowel change in their imperfect indicative, and sometimes in the past participle, e.g. singen → sang → gesungen. Their past participle ends in **-en**

weak verbs form their imperfect indicative by adding endings to stem, e.g. holen → holte. They form their past participle with the prefix **ge-** and the ending **-t,** e.g. holen → **ge**hol**t**

The German Verb

German has two main types of verb: WEAK verbs and STRONG verbs. The infinitive gives no help in deciding if a verb is weak or strong. It is best therefore to approach each verb individually, learning its infinitive, the 3rd person singular of its present and imperfect indicative tenses and its past participle: **geben, gibt, gab, gegeben**.

Weak verbs are, with only a few exceptions, regular, forming their tenses according to the patterns outlined below.

Strong verbs change their vowel in the imperfect tense, and sometimes also in the past participle and certain parts of their present tense. Rules for their conjugation in all tenses are also given below, and each strong verb is clearly conjugated in its most widely used tenses in the main Verb Tables.

Simple tenses

Weak verbs

The example used throughout these tables is the verb **holen** (to fetch).

Present indicative (I fetch/am fetching/do fetch)

sing	1st	stem	+ -e	ich	hol**e**
	2nd	"	+ -st	du	hol**st**
	3rd	"	+ -t	er	hol**t**
pl	1st	"	+ -en	wir	hol**en**
	2nd	"	+ -t	ihr	hol**t**
	3rd	"	+ -en	sie	hol**en**

Imperfect indicative (I fetched/was fetching/used to fetch)

sing	1st	stem	+ -te	ich	hol**te**
	2nd	"	+ -test	du	hol**test**
	3rd	"	+ -te	er	hol**te**
pl	1st	"	+ -ten	wir	hol**ten**
	2nd	"	+ -tet	ihr	hol**tet**
	3rd	"	+ -ten	sie	hol**ten**

Present participle (fetching)	**Past participle** (fetched)
infinitive + **-d**: hol**end**	**ge-** + stem + **-t**: **ge**hol**t**

Imperative (fetch!)

sing	stem	(+ **-e**)	hol(**e**)!
1st pl	"	+ **-en wir**	hol**en wir**!
2nd pl	"	+ **-t**	hol**t**!
polite	"	+ **-en Sie**	hol**en Sie**!

The exclamation mark is compulsory in German.

Present subjunctive

sing	1st	stem	+ **-e**	ich	hol**e**
	2nd	"	+ **-est**	du	hol**est**
	3rd	"	+ **-e**	er	hol**e**
pl	1st	"	+ **-en**	wir	hol**en**
	2nd	"	+ **-et**	ihr	hol**et**
	3rd	"	+ **-en**	sie	hol**en**

Imperfect subjunctive

sing	1st	stem	+ **-te**	ich	hol**te**
	2nd	"	+ **-test**	du	hol**test**
	3rd	"	+ **-te**	er	hol**te**
pl	1st	"	+ **-ten**	wir	hol**ten**
	2nd	"	+ **-tet**	ihr	hol**tet**
	3rd	"	+ **-ten**	sie	hol**ten**

The Subjunctive in indirect speech

In indirect or reported speech subjunctive forms should be used. When the present subjunctive form is like the normal present indicative a different tense is used, giving a mixture of present and imperfect subjunctive.

sing	1st	stem	+ **-te**	man sagt,		ich	hol**te**
	2nd	"	+ **-est**	"	"	du	hol**est**
	3rd	"	+ **-e**	"	"	er	hol**e**
pl	1st	"	+ **-ten**	"	"	wir	hol**ten**
	2nd	"	+ **-et**	"	"	ihr	hol**et**
	3rd	"	+ **-ten**	"	"	sie	hol**ten**

Weak verbs: regular spelling variants

Where adding the endings to the stem makes the verb difficult to pronounce, an extra **-e** is added between the stem and the ending. This is particularly the case where the stem ends in **-d**, **-t**, **-m** or **-n** preceded by a consonant other than **-l**, **-r** or **-h**:

reden (to talk)	– er red**et**, er red**ete**
arbeiten (to work)	– er arbeit**et**, er arbeit**ete**
rechnen (to count)	– er rechn**et**, er rechn**ete**
BUT: lernen (to learn)	– er lern**t**, er lern**te**

Where the stem ends in **-ß**, **-s** or **-z**, only **-t** is added to form the 2nd person singular of the present indicative active:

heizen (to heat)	– du heiz**t**
reisen (to travel)	– du reis**t**
spritzen (to inject)	– du spritz**t**
BUT: waschen (to wash)	– du wäsch**st**

Infinitive: reden (to talk)

Present indicative (I talk/am talking/do talk)

sing	1st	stem	+ **-e**	ich	rede
	2nd	"	+ **-est**	du	red**est**
	3rd	"	+ **-et**	er	red**et**
pl	1st	"	+ **-en**	wir	reden
	2nd	"	+ **-et**	ihr	red**et**
	3rd	"	+ **-en**	sie	reden

Imperfect indicative (I talked/was talking/used to talk)

sing	1st	stem	+ **-ete**	ich	red**ete**
	2nd	"	+ **-etest**	du	red**etest**
	3rd	"	+ **-ete**	er	red**ete**
pl	1st	"	+ **-eten**	wir	red**eten**
	2nd	"	+ **-etet**	ihr	red**etet**
	3rd	"	+ **-eten**	sie	red**eten**

Present participle (talking)	**Past participle** (talked)
infinitive + **-d**: rede**nd**	**ge-** + stem + **-et**: **ge**red**et**

Imperative (talk!)

sing	stem	(+ -e)	red(e)!
1st pl	"	+ -en wir	reden wir!
2nd pl	"	+ -et	redet!
polite	"	+ -en Sie	reden Sie!

Present subjunctive

sing	1st	stem	+ -e	ich	rede
	2nd	"	+ -est	du	redest
	3rd	"	+ -e	er	rede
pl	1st	"	+ -en	wir	reden
	2nd	"	+ -et	ihr	redet
	3rd	"	+ -en	sie	reden

Imperfect subjunctive

sing	1st	stem	+ -ete	ich	redete
	2nd	"	+ -etest	du	redetest
	3rd	"	+ -ete	er	redete
pl	1st	"	+ -eten	wir	redeten
	2nd	"	+ -etet	ihr	redetet
	3rd	"	+ -eten	sie	redeten

The Subjunctive in indirect speech (See also p 6)

Because of the extra -e in the present indicative, the present indicative resembles the present subjunctive for all persons except the third person singular for these verbs, and the imperfect subjunctive is therefore used in these persons, as follows:

sing	1st	stem	+ -ete	ich	redete
	2nd	"	+ -etest	du	redetest
	3rd	"	+ -e	er	rede
pl	1st	"	+ -eten	wir	redeten
	2nd	"	+ -etet	ihr	redetet
	3rd	"	+ -eten	sie	redeten

Strong verbs

Strong verbs change their vowel to form the imperfect tense, and they take different endings from weak verbs in this tense. The imperfect subjunctive also has different endings, and the vowel is modified if possible (**er sang/er sänge**).

The past participle is formed by adding the prefix **ge-** and the ending **-en**, and often the vowel is changed here too (**singen/gesungen**).

Some verbs also take a different vowel or modify the existing vowel for the 2nd and 3rd persons singular in their present indicative, and in the singular imperative. Some present tense vowel patterns for such verbs are: **e → i** (geben – er gibt); **au → äu** (laufen – er läuft); **e → ie** (lesen – er liest); **o → ö** (stoßen – er stößt); **a → ä** (fahren – er fährt).

The simplest and most reliable course is to refer to each verb individually, using the tables beginning on page 24.

The following is the pattern for a strong verb whose vowel changes in both the imperfect and past participle, but not in the present indicative:

Infinitive: singen (to sing)

Present indicative (I sing/am singing/do sing)

sing	1st	stem	+ -e	ich	sing**e**
	2nd	"	+ -st	du	sing**st**
	3rd	"	+ -t	er	sing**t**
pl	1st	"	+ -en	wir	sing**en**
	2nd	"	+ -t	ihr	sing**t**
	3rd	"	+ -en	sie	sing**en**

Imperfect indicative (I sang/was singing/used to sing)

sing	1st	sang	+ -	ich	**sang**
	2nd	sang	+ -st	du	**sangst**
	3rd	sang	+ -	er	**sang**
pl	1st	sang	+ -en	wir	**sangen**
	2nd	sang	+ -t	ihr	**sangt**
	3rd	sang	+ -en	sie	**sangen**

Present participle (singing)
infinitive + **-d**: singen**d**

Past participle (sung)
ge- + **sung** + **-en**: gesungen

Imperative (sing!)

	sing	stem	(+ -e)	sing(e)!
1st pl		"	+ -en wir	singen wir!
2nd pl		"	+ -t	singt!
polite		"	+ -en Sie	singen Sie!

Present subjunctive

sing	1st	stem	+ -e	ich	singe
	2nd	"	+ -est	du	singest
	3rd	"	+ -e	er	singe
pl	1st	"	+ -en	wir	singen
	2nd	"	+ -et	ihr	singet
	3rd	"	+ -en	sie	singen

Imperfect subjunctive

sing	1st	**sang**	+ ⸚e	ich	sänge
	2nd	"	+ ⸚est	du	sängest
	3rd	"	+ ⸚e	er	sänge
pl	1st	"	+ ⸚en	wir	sängen
	2nd	"	+ ⸚et	ihr	sänget
	3rd	"	+ ⸚en	sie	sängen

The Subjunctive in indirect speech (See p 6)

sing	1st	**sang**	+ ⸚e	ich	sänge
	2nd	stem	+ -est	du	singest
	3rd	stem	+ -e	er	singe
pl	1st	**sang**	+ ⸚en	wir	sängen
	2nd	stem	+ -et	ihr	singet
	3rd	**sang**	+ ⸚en	sie	sängen

The nine mixed verbs

brennen	kennen	senden
bringen	nennen	wenden
denken	rennen	wissen

These verbs have a vowel change in the imperfect and past participle, but take weak verb endings:

brennen: er bran**nte**, er hat ge**brannt**

Bringen and **denken** also have a consonant change:

bringen: er bra**chte**, er hat ge**bracht**
denken: er da**chte**, er hat ge**dacht**

The imperfect subjunctive form of these verbs should be noted especially.

A mixed verb

Infinitive: brennen (to burn)

Present indicative (I burn/am burning/do burn)

sing	1st	stem	+ **-e**	ich	brenn**e**
	2nd	"	+ **-st**	du	brenn**st**
	3rd	"	+ **-t**	er	brenn**t**
pl	1st	"	+ **-en**	wir	brenn**en**
	2nd	"	+ **-t**	ihr	brenn**t**
	3rd	"	+ **-en**	sie	brenn**en**

Imperfect indicative (I burned/was burning/used to burn)

sing	1st	brann	+ **-te**	ich	brann**te**
	2nd	brann	+ **-test**	du	brann**test**
	3rd	brann	+ **-te**	er	brann**te**
pl	1st	brann	+ **-ten**	wir	brann**ten**
	2nd	brann	+ **-tet**	ihr	brann**tet**
	3rd	brann	+ **-ten**	sie	brann**ten**

┌─────────────────────────────────────┐
│ **Past participle** (burned)   │
│ **ge-** + **brann** + **-t**: gebrannt │
└─────────────────────────────────────┘

Imperative (burn!)

sing	stem	(+ **-e**)	brenn(**e**)!
1st pl	"	+ **-en wir**	brennen **wir**!
2nd pl	"	+ **-t**	brennt!
polite	"	+ **-en Sie**	brennen **Sie**!

Present subjunctive

sing	1st	stem	+ **-e**	ich	brenn**e**
	2nd	"	+ **-est**	du	brenn**est**
	3rd	"	+ **-e**	er	brenn**e**
pl	1st	"	+ **-en**	wir	brenn**en**
	2nd	"	+ **-et**	ihr	brenn**et**
	3rd	"	+ **-en**	sie	brenn**en**

Imperfect subjunctive

sing	1st	stem	+ **-te**	ich	brenn**te**
	2nd	"	+ **-test**	du	brenn**test**
	3rd	"	+ **-te**	er	brenn**te**
pl	1st	"	+ **-ten**	wir	brenn**ten**
	2nd	"	+ **-tet**	ihr	brenn**tet**
	3rd	"	+ **-ten**	sie	brenn**ten**

The Subjunctive in indirect speech (See p 6)

sing	1st	stem	+ **-te**	ich	brenn**te**
	2nd	"	+ **-est**	du	brenn**est**
	3rd	"	+ **-e**	er	brenn**e**
pl	1st	"	+ **-ten**	wir	brenn**ten**
	2nd	"	+ **-et**	ihr	brenn**et**
	3rd	"	+ **-ten**	sie	brenn**ten**

Compound tenses

In German, compound tenses are formed in exactly the same way for all verbs, whether strong, weak or mixed. They are formed by using the appropriate tense of an auxiliary verb plus the infinitive or past participle. For the future tenses the auxiliary is always **werden**; for the past tenses it is usually **haben**, but some verbs, especially those expressing change of place or condition, take **sein** instead.

The infinitive or past participle usually comes at the end of a clause. In the tables below, suspension points represent the rest of the clause or sentence (see p 23).

Past tenses

The tables below illustrate these for a verb taking **haben** (**holen** – on the left) and one that takes **sein** (**reisen** – on the right).

Perfect infinitive

haben + past participle	sein + past participle
geholt haben (to have fetched)	**gereist sein** (to have travelled)

Perfect indicative (I (have) fetched/travelled)

present indicative of **haben/sein** + past participle	
ich **habe** .... **geholt**	ich **bin**. . . . . **gereist**
du **hast** .... **geholt**	du **bist** . . . . **gereist**
er **hat**. . . . . **geholt**	er **ist** . . . . **gereist**
wir **haben** ...... **geholt**	wir **sind**. . . . . **gereist**
ihr **habt**. . . . . **geholt**	ihr **seid**. . . . . **gereist**
sie **haben** ...... **geholt**	sie **sind**. . . . . **gereist**

Perfect subjunctive

present subjunctive of **haben/sein** + past participle	
ich **habe** .... **geholt**	ich **sei**. . . . . **gereist**
du **habest** .... **geholt**	du **sei(e)st** .... **gereist**
er **habe** .... **geholt**	er **sei**. . . . . **gereist**
wir **haben** ...... **geholt**	wir **seien**. . . . . **gereist**
ihr **habet**. . . . . **geholt**	ihr **seiet** . . . . **gereist**
sie **haben** ...... **geholt**	sie **seien**. . . . . **gereist**

Pluperfect indicative (I had fetched/travelled)

imperfect indicative of **haben/sein** + past participle	
ich **hatte** .... **geholt**	ich **war** .... **gereist**
du **hattest** ...... **geholt**	du **warst** .... **gereist**
er **hatte** .... **geholt**	er **war** .... **gereist**
wir **hatten** ...... **geholt**	wir **waren** .... **gereist**
ihr **hattet** .... **geholt**	ihr **wart** .... **gereist**
sie **hatten** ...... **geholt**	sie **waren** .... **gereist**

Pluperfect subjunctive (used as conditional perfect tense – see p 15)

imperfect subjunctive of **haben/sein** + past participle	
ich **hätte** .... **geholt**	ich **wäre** .... **gereist**
du **hättest** .... **geholt**	du **wär(e)st** .... **gereist**
er **hätte** .... **geholt**	er **wäre** .... **gereist**
wir **hätten** ...... **geholt**	wir **wären** .... **gereist**
ihr **hättet** .... **geholt**	ihr **wär(e)t** .... **gereist**
sie **hätten** ...... **geholt**	sie **wären** .... **gereist**

Future and related tenses
Future indicative (I shall fetch/travel)

present indicative of **werden** + infinitive	
ich **werde** ...... **holen**	ich **werde** .... **reisen**
du **wirst** .... **holen**	du **wirst** .... **reisen**
er **wird** .... **holen**	er **wird** .... **reisen**
wir **werden** ..... **holen**	wir **werden** .... **reisen**
ihr **werdet** ...... **holen**	ihr **werdet** .... **reisen**
sie **werden** ..... **holen**	sie **werden** .... **reisen**

Future subjunctive

present subjunctive of **werden** + infinitive	
ich **werde** ...... **holen**	ich **werde** .... **reisen**
du **werdest** ...... **holen**	du **werdest** .... **reisen**
er **werde** ...... **holen**	er **werde** .... **reisen**
wir **werden** ..... **holen**	wir **werden** .... **reisen**
ihr **werdet** ...... **holen**	ihr **werdet** .... **reisen**
sie **werden** ..... **holen**	sie **werden** .... **reisen**

Future perfect indicative (I shall have fetched/travelled)

present indicative of **werden** + perfect infinitive	
ich **werde**.... **geholt haben**	ich **werde**..... **gereist sein**
du **wirst**..... **geholt haben**	du **wirst**..... **gereist sein**
er **wird** ..... **geholt haben**	er **wird** ...... **gereist sein**
wir **werden**... **geholt haben**	wir **werden**... **gereist sein**
ihr **werdet** ... **geholt haben**	ihr **werdet** ... **gereist sein**
sie **werden**... **geholt haben**	sie **werden**.... **gereist sein**

Conditional (I would fetch/travel)

imperfect subjunctive of **werden** + infinitive	
ich **würde** .... **holen**	ich **würde**......... **reisen**
du **würdest**...... **holen**	du **würdest** .... **reisen**
er **würde** .... **holen**	er **würde**......... **reisen**
wir **würden** ..... **holen**	wir **würden**....... **reisen**
ihr **würdet**. ..... **holen**	ihr **würdet**....... **reisen**
sie **würden** ...... **holen**	sie **würden**........ **reisen**

Conditional perfect* (I would have fetched/travelled)

imperfect subjunctive of **werden** + perfect infinitive	
ich **würde**.... **geholt haben**	ich **würde**..... **gereist sein**
du **würdest** .. **geholt haben**	du **würdest** ... **gereist sein**
er **würde**.... **geholt haben**	er **würde**.... **gereist sein**
wir **würden**... **geholt haben**	wir **würden**.... **gereist sein**
ihr **würdet** ... **geholt haben**	ihr **würdet**.... **gereist sein**
sie **würden**... **geholt haben**	sie **würden**.... **gereist sein**

*This is not a commonly used tense in German, being rather clumsy. It is usual to use the pluperfect subjunctive wherever a conditional perfect is needed.

Thus: **ich hätte es geholt** – I would have fetched it
     ich wäre gereist – I would have travelled.

The passive voice

German uses passive tenses much less than English. A passive in German is often expressed by the alternative "**man**" construction in which an active verb is used. Thus: **man holt ihn um sieben Uhr ab** (he is picked up at seven o'clock).

The "**man**" construction is almost always used to replace really unwieldy passive tenses, e.g. the future perfect passive.

Present passive infinitive

past participle + **werden**
geholt werden (to be fetched)

Perfect passive infinitive

past participle + **worden** + **sein**
geholt worden sein (to have been fetched)

Present passive (I am fetched/am being fetched)

Indicative	Subjunctive
present indicative of **werden** + past participle	present subjunctive of **werden** + past participle
ich **werde** . . . . **geholt** du **wirst** . . . . **geholt** er **wird** . . . . **geholt** wir **werden** . . . . . . **geholt** ihr **werdet** . . . . **geholt** sie **werden** . . . . . . **geholt**	ich **werde** . . . . **geholt** du **werdest** . . . . . . **geholt** er **werde** . . . . **geholt** wir **werden** . . . . **geholt** ihr **werdet** . . . . **geholt** sie **werden** . . . . **geholt**
OR man holt mich/dich *etc*	*OR* man hole mich/dich *etc*

Imperfect passive (I was fetched/was being fetched)

Indicative	Subjunctive
imperfect indicative of **werden** + past participle	imperfect subjunctive of **werden** + past participle
ich **wurde** . . . . . . **geholt** du **wurdest** . . . . . . **geholt** er **wurde** . . . . . **geholt** wir **wurden** . . . . . **geholt** ihr **wurdet** . . . . . **geholt** sie **wurden** . . . . . **geholt**	ich **würde** . . . . **geholt** du **würdest** . . . . . . **geholt** er **würde** . . . . **geholt** wir **würden** . . . . **geholt** ihr **würdet** . . . . **geholt** sie **würden** . . . . **geholt**
OR man holte mich/dich *etc*	*OR* man holte mich/dich *etc*

Perfect passive (I was fetched/have been fetched)

Indicative	Subjunctive
present indicative of **sein** + past participle + **worden**	present subjunctive of **sein** + past participle + **worden**
ich **bin** . . . . . . **geholt worden** du **bist** . . . . . . **geholt worden** *etc*	ich **sei** . . . . . **geholt worden** du **sei(e)st** . . **geholt worden** *etc*
OR man hat mich/dich geholt *etc*	*OR* man habe mich/dich geholt *etc*

Pluperfect passive (I had been fetched)

Indicative	Subjunctive
imperfect indicative of **sein** + past participle + **worden**	imperfect subjunctive of **sein** + past participle + **worden**
ich **war** . . . . .**geholt worden** du **warst** . . . .**geholt worden** *etc*	ich **wäre** . . .**geholt worden** du **wär(e)st** . .**geholt worden** *etc*
OR man hatte mich/dich geholt *etc*	*OR* man hätte mich/dich geholt *etc*

Future passive (I shall be fetched)

Indicative	Subjunctive
present indicative of **werden** + present passive infinitive	present subjunctive of **werden** + present passive infinitive
ich **werde...geholt werden** *OR* man wird mich holen	ich **werde...geholt werden** *OR* man werde mich holen

Future perfect passive (I shall have been fetched)

Indicative

present indicative of **werden** + perfect passive infinitive
ich **werde geholt worden sein** *OR* man wird mich geholt haben

Subjunctive

present subjunctive of **werden** + perfect passive infinitive
ich **werde geholt worden sein** *OR* man werde mich geholt haben

Conditional passive (I would be fetched)

imperfect subjunctive of **werden** + present passive infinitive
ich **würde geholt werden** *OR* man würde mich holen

Conditional perfect passive (I would have been fetched)

imperfect subjunctive of **werden** + perfect passive infinitive
ich **würde geholt worden sein** *OR* man würde mich geholt haben. (BUT less clumsy would be to use the pluperfect subjunctive of **holen**.)

Separable and inseparable verbs

Verbs with prefixes are either "separable" or "inseparable". Separable prefixes are stressed (**an**ziehen), inseparable prefixes are not (ent**komm**en).

A variable prefix is one which can be used to form either separable or inseparable verbs (**wieder**kehren, wieder**hol**en).

A list of prefixes is given on p 20.

In main clauses, the prefix of a **separable** verb is separated from the main verb in all tenses except the infinitive and the past participle. The past participle is formed by inserting **ge-** between the past participle of the main verb and the prefix, to form one word (**an**ge zogen, teil**ge**nommen), e.g. from **anrufen** (to telephone):

> er **ruft** um neun Uhr **an**
> er **rief** gestern **an**
> er **hat** um neun Uhr an**ge**rufen

Verbs with **inseparable** prefixes have no **ge-** in the past participle (ent**deckt**, ver**schwunden**), and the prefix is never separated from the main verb stem, e.g. from **bestellen** (to order):

> er **bestellt** ein Buch
> er **bestellte** es gestern
> er **hat** es gestern **bestellt**

Verbs ending in "-ieren"

These are often foreign borrowings, and behave like inseparable verbs in that they have no **ge-** in the past participle:

> e.g.   telefonieren → *ptp* telefoniert
> interessieren → *ptp* interessiert

Verbal prefixes

Separable prefixes:

ab-	heran-	hinunter-
an-	herauf-	hinweg-
auf-	heraus-	hoch-
aus-	herbei-	los-
bei-	herein-	mit-
da-	herüber-	nach-
ein-	herum-	nieder-
empor-	herunter-	vor-
entgegen-	hervor-	voran-
fehl-	hierher-	vorbei-
fest-	hin-	vorüber-
fort-	hinab-	weg-
frei-	hinauf-	zu-
gegen-	hinaus-	zurecht-
gleich-	hindurch-	zurück-
her-	hinein-	zusammen-
herab-	hinüber-	

A separable prefix can also be an adjective, adverb or noun:
tot|lachen, **los**|lassen, **teil**|nehmen.

Inseparable prefixes:

be-	ge-
emp-	miss-
ent-	ver-
er-	zer-

Variable prefixes:

durch-	unter-
hinter-	wider-
über-	wieder-
um-	

Reflexive verbs

Reflexive verbs should be learned with their preceding pronoun **sich** (oneself/to oneself). However, the reflexive pronoun does not always have a direct equivalent in English:

sich erinnern (to remember).

Reflexive verbs are always conjugated with **haben**.

The reflexive pronoun can be either the direct object (and therefore in the accusative) or the indirect object (and therefore in the dative).

The following are examples of reflexive verbs that take an accusative and a dative pronoun respectively:

Present indicative

sich erinnern (to remember)	sich erlauben (to allow oneself)
ich erinnere **mich**	ich erlaube **mir**
du erinnerst **dich**	du erlaubst **dir**
er erinnert **sich**	er erlaubt **sich**
wir erinnern **uns**	wir erlauben **uns**
ihr erinnert **euch**	ihr erlaubt **euch**
sie erinnern **sich**	sie erlauben **sich**

Imperfect indicative

ich erinnerte **mich**	ich erlaubte **mir**
du erinnertest **dich**	du erlaubtest **dir**
etc	*etc*

Perfect indicative

ich habe **mich** ......erinnert	ich habe **mir** ....erlaubt
du hast **dich** ....erinnert	du hast **dir** .....erlaubt
etc	*etc*

Future indicative

ich werde **mich** ......erinnern	ich werde **mir** ...erlauben
du wirst **dich** ....erinnern	du wirst **dir** ....erlauben
etc	*etc*

Verbs followed by a preposition

Prepositions are used after many German verbs in much the same way as in English, although unfortunately the prepositions are not always the same for both languages!

Some German verbs need prepositions where none are required in English (**diskutieren über**: to discuss). Here are some common verb + preposition patterns:

abhängen von (+ *dat*) to depend on
achten auf (+ *acc*) to pay attention to
sich amüsieren über (+ *acc*) to laugh at
sich beschäftigen mit (+ *dat*) to occupy oneself with
bestehen aus (+ *dat*) to consist of
sich bewerben um (+ *acc*) to apply for
sich bewerben bei (+ *dat*) to apply to
bitten um (+ *acc*) to ask for
denken an (+ *acc*) to be thinking of
denken über (+ *acc*) to think about, hold an opinion of
diskutieren über (+ *acc*) to discuss
duften nach (+ *dat*) to smell of
sich erinnern an (+ *acc*) to remember
sich freuen auf (+ *acc*) to look forward to
sich freuen über (+ *acc*) to be pleased about
sich gewöhnen an (+ *acc*) to get used to
sich interessieren für (+ *acc*) to be interested in
kämpfen um (+ *acc*) to fight for
sich kümmern um (+ *acc*) to take care of
leiden an (+ *dat*) to suffer from
neigen zu (+ *dat*) to be inclined to
riechen nach (+ *dat*) to smell of
schmecken nach (+ *dat*) to taste of
sehnen nach (+ *dat*) to long for
sprechen mit (+ *dat*) to speak to
sterben an (+ *dat*) to die of
telefonieren mit (+ *dat*) to speak to (someone) on the phone
sich verabschieden von (+ *dat*) to say goodbye to
warten auf (+ *acc*) to wait for
zittern vor (+ *dat*) to tremble with

The position of the verb in the clause

In **main clauses** beginning with a subject and verb, the order is as in English:

> **Ich gehe ins Kino** I am going to the cinema.

When the verb is in a compound tense, the order is as follows:

> **Ich bin ins Kino gegangen** I went to the cinema
> **Er wird Deutsch lernen** he will learn German.

The subject and main verb are inverted in direct questions:

> **Ist er krank?** is he ill?
> **Hast du es getan?** have you done it?

and when something other than the subject and verb begins the main clause:

> **Den Mann kannte sie nicht** she didn't know the/that man
> **Morgen gehe ich ins Kino** I'm going to the cinema tomorrow.

The conjunctions **und**, **oder**, **aber**, **sondern** and **denn**, however, do not cause the verb and subject to invert:

> **...und er ist krank** and he's ill
> **... aber ich kann es nicht** but I can't do it.

In **subordinate clauses** the main verb is placed at the end:

> **Er kommt nicht, weil er kein Geld hat**
> he isn't coming because he has no money

> **Ich weiß, dass du es hast**
> I know (that) you have it.

Separable prefixes (see p 19) are placed at the end of a main clause, but in subordinate clauses the prefix and verb are reunited as one word at the end of the clause:

> **... obwohl er ankommt** although he's coming
> **... als er aufstand** when he got up.

Modal verbs (see p 4) used with an infinitive behave just like any verb in main and subordinate clauses:

> **Er möchte gehen** he would like to go
> **... weil er es kaufen wollte** because he wanted to buy it.

1 annehmen to accept

···· [strong, separable, *takes* haben] ····················

PRESENT INDICATIVE	PRESENT SUBJUNCTIVE
ich nehme an	ich nehme an
du nimmst an	du nehmest an
er nimmt an	er nehme an
wir nehmen an	wir nehmen an
ihr nehmt an	ihr nehmet an
sie nehmen an	sie nehmen an

IMPERFECT INDICATIVE	IMPERFECT SUBJUNCTIVE
ich nahm an	ich nähme an
du nahmst an	du nähmest an
er nahm an	er nähme an
wir nahmen an	wir nähmen an
ihr nahmt an	ihr nähmet an
sie nahmen an	sie nähmen an

FUTURE INDICATIVE	CONDITIONAL
ich werde annehmen	ich würde annehmen
du wirst annehmen	du würdest annehmen
er wird annehmen	er würde annehmen
wir werden annehmen	wir würden annehmen
ihr werdet annehmen	ihr würdet annehmen
sie werden annehmen	sie würden annehmen

PERFECT INDICATIVE	PLUPERFECT SUBJUNCTIVE
ich habe angenommen	ich hätte angenommen
du hast angenommen	du hättest angenommen
er hat angenommen	er hätte angenommen
wir haben angenommen	wir hätten angenommen
ihr habt angenommen	ihr hättet angenommen
sie haben angenommen	sie hätten angenommen

PRESENT PARTICIPLE	PAST PARTICIPLE
annehmend	angenommen

IMPERATIVE
nimm an! nehmen wir an! nehmt an! nehmen Sie an!

arbeiten to work

[weak, *takes* haben]

PRESENT INDICATIVE

ich arbeite
du arbeitest
er arbeitet
wir arbeiten
ihr arbeitet
sie arbeiten

IMPERFECT INDICATIVE

ich arbeitete
du arbeitetest
er arbeitete
wir arbeiteten
ihr arbeitetet
sie arbeiteten

FUTURE INDICATIVE

ich werde arbeiten
du wirst arbeiten
er wird arbeiten
wir werden arbeiten
ihr werdet arbeiten
sie werden arbeiten

PERFECT INDICATIVE

ich habe gearbeitet
du hast gearbeitet
er hat gearbeitet
wir haben gearbeitet
ihr habt gearbeitet
sie haben gearbeitet

PRESENT PARTICIPLE

arbeitend

PRESENT SUBJUNCTIVE

ich arbeite
du arbeitest
er arbeite
wir arbeiten
ihr arbeitet
sie arbeiten

IMPERFECT SUBJUNCTIVE

ich arbeitete
du arbeitetest
er arbeitete
wir arbeiteten
ihr arbeitetet
sie arbeiteten

CONDITIONAL

ich würde arbeiten
du würdest arbeiten
er würde arbeiten
wir würden arbeiten
ihr würdet arbeiten
sie würden arbeiten

PLUPERFECT SUBJUNCTIVE

ich hätte gearbeitet
du hättest gearbeitet
er hätte gearbeitet
wir hätten gearbeitet
ihr hättet gearbeitet
sie hätten gearbeitet

PAST PARTICIPLE

gearbeitet

IMPERATIVE

arbeite! arbeiten wir! arbeitet! arbeiten Sie!

3 atmen to breathe
[weak, *takes* haben]

PRESENT INDICATIVE

ich atme
du atmest
er atmet
wir atmen
ihr atmet
sie atmen

PRESENT SUBJUNCTIVE

ich atme
du atmest
er atme
wir atmen
ihr atmet
sie atmen

IMPERFECT INDICATIVE

ich atmete
du atmetest
er atmete
wir atmeten
ihr atmetet
sie atmeten

IMPERFECT SUBJUNCTIVE

ich atmete
du atmetest
er atmete
wir atmeten
ihr atmetet
sie atmeten

FUTURE INDICATIVE

ich werde atmen
du wirst atmen
er wird atmen
wir werden atmen
ihr werdet atmen
sie werden atmen

CONDITIONAL

ich würde atmen
du würdest atmen
er würde atmen
wir würden atmen
ihr würdet atmen
sie würden atmen

PERFECT INDICATIVE

ich habe geatmet
du hast geatmet
er hat geatmet
wir haben geatmet
ihr habt geatmet
sie haben geatmet

PLUPERFECT SUBJUNCTIVE

ich hätte geatmet
du hättest geatmet
er hätte geatmet
wir hätten geatmet
ihr hättet geatmet
sie hätten geatmet

PRESENT PARTICIPLE

atmend

PAST PARTICIPLE

geatmet

IMPERATIVE

atme! atmen wir! atmet! atmen Sie!

ausreichen to be enough

·········· [weak, separable, *takes* haben] ··········

PRESENT INDICATIVE		PRESENT SUBJUNCTIVE
ich reiche aus		**ich** reiche aus
du reichst aus		**du** reichest aus
er reicht aus		**er** reiche aus
wir reichen aus		**wir** reichen aus
ihr reicht aus		**ihr** reichet aus
sie reichen aus		**sie** reichen aus

IMPERFECT INDICATIVE		IMPERFECT SUBJUNCTIVE
ich reichte aus		**ich** reichte aus
du reichtest aus		**du** reichtest aus
er reichte aus		**er** reichte aus
wir reichten aus		**wir** reichten aus
ihr reichtet aus		**ihr** reichtet aus
sie reichten aus		**sie** reichten aus

FUTURE INDICATIVE		CONDITIONAL
ich werde ausreichen		**ich** würde ausreichen
du wirst ausreichen		**du** würdest ausreichen
er wird ausreichen		**er** würde ausreichen
wir werden ausreichen		**wir** würden ausreichen
ihr werdet ausreichen		**ihr** würdet ausreichen
sie werden ausreichen		**sie** würden ausreichen

PERFECT INDICATIVE		PLUPERFECT SUBJUNCTIVE
ich habe ausgereicht		**ich** hätte ausgereicht
du hast ausgereicht		**du** hättest ausgereicht
er hat ausgereicht		**er** hätte ausgereicht
wir haben ausgereicht		**wir** hätten ausgereicht
ihr habt ausgereicht		**ihr** hättet ausgereicht
sie haben ausgereicht		**sie** hätten ausgereicht

PRESENT PARTICIPLE		PAST PARTICIPLE
ausreichend		ausgereicht

IMPERATIVE
reich(e) aus! reichen wir aus! reicht aus! reichen Sie aus!

5 backen to bake

···· [strong, *takes* haben] ··

PRESENT INDICATIVE		PRESENT SUBJUNCTIVE
ich	backe	ich	backe
du	bäckst	du	backest
er	bäckt	er	backe
wir	backen	wir	backen
ihr	backt	ihr	backet
sie	backen	sie	backen

IMPERFECT INDICATIVE		IMPERFECT SUBJUNCTIVE
ich	backte	ich	backte
du	backtest	du	backtest
er	backte	er	backte
wir	backten	wir	backten
ihr	backtet	ihr	backtet
sie	backten	sie	backten

FUTURE INDICATIVE		CONDITIONAL
ich	werde backen	ich	würde backen
du	wirst backen	du	würdest backen
er	wird backen	er	würde backen
wir	werden backen	wir	würden backen
ihr	werdet backen	ihr	würdet backen
sie	werden backen	sie	würden backen

PERFECT INDICATIVE		PLUPERFECT SUBJUNCTIVE
ich	habe gebacken	ich	hätte gebacken
du	hast gebacken	du	hättest gebacken
er	hat gebacken	er	hätte gebacken
wir	haben gebacken	wir	hätten gebacken
ihr	habt gebacken	ihr	hättet gebacken
sie	haben gebacken	sie	hätten gebacken

PRESENT PARTICIPLE	PAST PARTICIPLE
backend	gebacken

IMPERATIVE
back(e)! backen wir! backt! backen Sie!

befehlen to command

[strong, inseparable, *takes* **haben**]

PRESENT INDICATIVE	PRESENT SUBJUNCTIVE
ich befehle	ich befehle
du befiehlst	du befehlest
er befiehlt	er befehle
wir befehlen	wir befehlen
ihr befehlt	ihr befehlet
sie befehlen	sie befehlen

IMPERFECT INDICATIVE	IMPERFECT SUBJUNCTIVE
ich befahl	ich befähle
du befahlst	du befählest
er befahl	er befähle
wir befahlen	wir befählen
ihr befahlt	ihr befählet
sie befahlen	sie befählen

FUTURE INDICATIVE	CONDITIONAL
ich werde befehlen	ich würde befehlen
du wirst befehlen	du würdest befehlen
er wird befehlen	er würde befehlen
wir werden befehlen	wir würden befehlen
ihr werdet befehlen	ihr würdet befehlen
sie werden befehlen	sie würden befehlen

PERFECT INDICATIVE	PLUPERFECT SUBJUNCTIVE
ich habe **befohlen**	ich hätte **befohlen**
du hast **befohlen**	du hättest **befohlen**
er hat **befohlen**	er hätte **befohlen**
wir haben **befohlen**	wir hätten **befohlen**
ihr habt **befohlen**	ihr hättet **befohlen**
sie haben **befohlen**	sie hätten **befohlen**

PRESENT PARTICIPLE	PAST PARTICIPLE
befehlend	**befohlen**

IMPERATIVE
befiehl! befehlen wir! befehlt! befehlen Sie!

7 · beginnen to begin
[strong, inseparable, *takes* **haben**]

PRESENT INDICATIVE	
ich	beginne
du	beginnst
er	beginnt
wir	beginnen
ihr	beginnt
sie	beginnen

PRESENT SUBJUNCTIVE	
ich	beginne
du	beginnest
er	beginne
wir	beginnen
ihr	beginnet
sie	beginnen

IMPERFECT INDICATIVE	
ich	begann
du	begannst
er	begann
wir	begannen
ihr	begannt
sie	begannen

IMPERFECT SUBJUNCTIVE	
ich	begänne
du	begännest
er	begänne
wir	begännen
ihr	begännet
sie	begännen

FUTURE INDICATIVE	
ich	werde beginnen
du	wirst beginnen
er	wird beginnen
wir	werden beginnen
ihr	werdet beginnen
sie	werden beginnen

CONDITIONAL	
ich	würde beginnen
du	würdest beginnen
er	würde beginnen
wir	würden beginnen
ihr	würdet beginnen
sie	würden beginnen

PERFECT INDICATIVE	
ich	habe **begonnen**
du	hast **begonnen**
er	hat **begonnen**
wir	haben **begonnen**
ihr	habt **begonnen**
sie	haben **begonnen**

PLUPERFECT SUBJUNCTIVE	
ich	hätte **begonnen**
du	hättest **begonnen**
er	hätte **begonnen**
wir	hätten **begonnen**
ihr	hättet **begonnen**
sie	hätten **begonnen**

PRESENT PARTICIPLE
beginnend

PAST PARTICIPLE
begonnen

IMPERATIVE
beginn(e)! beginnen wir! beginnt! beginnen Sie!

beißen to bite 8

[strong, *takes* haben]

PRESENT INDICATIVE

ich beiße
du beißt
er beißt
wir beißen
ihr beißt
sie beißen

PRESENT SUBJUNCTIVE

ich beiße
du beißest
er beiße
wir beißen
ihr beißet
sie beißen

IMPERFECT INDICATIVE

ich biss
du bissest
er biss
wir bissen
ihr bisst
sie bissen

IMPERFECT SUBJUNCTIVE

ich bisse
du bissest
er bisse
wir bissen
ihr bisset
sie bissen

FUTURE INDICATIVE

ich werde beißen
du wirst beißen
er wird beißen
wir werden beißen
ihr werdet beißen
sie werden beißen

CONDITIONAL

ich würde beißen
du würdest beißen
er würde beißen
wir würden beißen
ihr würdet beißen
sie würden beißen

PERFECT INDICATIVE

ich habe gebissen
du hast gebissen
er hat gebissen
wir haben gebissen
ihr habt gebissen
sie haben gebissen

PLUPERFECT SUBJUNCTIVE

ich hätte gebissen
du hättest gebissen
er hätte gebissen
wir hätten gebissen
ihr hättet gebissen
sie hätten gebissen

PRESENT PARTICIPLE

beißend

PAST PARTICIPLE

gebissen

IMPERATIVE

beiß(e)! beißen wir! beißt! beißen Sie!

9 **bergen** to salvage

[strong, *takes* haben]

PRESENT INDICATIVE	PRESENT SUBJUNCTIVE
ich berge	ich berge
du birgst	du bergest
er birgt	er berge
wir bergen	wir bergen
ihr bergt	ihr berget
sie bergen	sie bergen

IMPERFECT INDICATIVE	IMPERFECT SUBJUNCTIVE
ich barg	ich bärge
du bargst	du bärgest
er barg	er bärge
wir bargen	wir bärgen
ihr bargt	ihr bärget
sie bargen	sie bärgen

FUTURE INDICATIVE	CONDITIONAL
ich werde bergen	ich würde bergen
du wirst bergen	du würdest bergen
er wird bergen	er würde bergen
wir werden bergen	wir würden bergen
ihr werdet bergen	ihr würdet bergen
sie werden bergen	sie würden bergen

PERFECT INDICATIVE	PLUPERFECT SUBJUNCTIVE
ich habe geborgen	ich hätte geborgen
du hast geborgen	du hättest geborgen
er hat geborgen	er hätte geborgen
wir haben geborgen	wir hätten geborgen
ihr habt geborgen	ihr hättet geborgen
sie haben geborgen	sie hätten geborgen

PRESENT PARTICIPLE	PAST PARTICIPLE
bergend	geborgen

IMPERATIVE
birg! bergen wir! bergt! bergen Sie!

bersten to burst (10)

[strong, *takes* **sein**]

PRESENT INDICATIVE	PRESENT SUBJUNCTIVE
ich berste	ich berste
du birst	du berstest
er birst	er berste
wir bersten	wir bersten
ihr berstet	ihr berstet
sie bersten	sie bersten

IMPERFECT INDICATIVE	IMPERFECT SUBJUNCTIVE
ich barst	ich bärste
du barstest	du bärstest
er barst	er bärste
wir barsten	wir bärsten
ihr barstet	ihr bärstet
sie barsten	sie bärsten

FUTURE INDICATIVE	CONDITIONAL
ich werde bersten	ich würde bersten
du wirst bersten	du würdest bersten
er wird bersten	er würde bersten
wir werden bersten	wir würden bersten
ihr werdet bersten	ihr würdet bersten
sie werden bersten	sie würden bersten

PERFECT INDICATIVE	PLUPERFECT SUBJUNCTIVE
ich bin **geborsten**	ich wäre **geborsten**
du bist **geborsten**	du wär(e)st **geborsten**
er ist **geborsten**	er wäre **geborsten**
wir sind **geborsten**	wir wären **geborsten**
ihr seid **geborsten**	ihr wär(e)t **geborsten**
sie sind **geborsten**	sie wären **geborsten**

PRESENT PARTICIPLE	PAST PARTICIPLE
berstend	**geborsten**

IMPERATIVE
birst! bersten wir! berstet! bersten Sie!

bestellen to order
[weak, inseparable, *takes* haben]

PRESENT INDICATIVE

ich bestelle
du bestellst
er bestellt
wir bestellen
ihr bestellt
sie bestellen

IMPERFECT INDICATIVE

ich bestellte
du bestelltest
er bestellte
wir bestellten
ihr bestelltet
sie bestellten

FUTURE INDICATIVE

ich werde bestellen
du wirst bestellen
er wird bestellen
wir werden bestellen
ihr werdet bestellen
sie werden bestellen

PERFECT INDICATIVE

ich habe bestellt
du hast bestellt
er hat bestellt
wir haben bestellt
ihr habt bestellt
sie haben bestellt

PRESENT PARTICIPLE

bestellend

PRESENT SUBJUNCTIVE

ich bestelle
du bestellest
er bestelle
wir bestellen
ihr bestellet
sie bestellen

IMPERFECT SUBJUNCTIVE

ich bestellte
du bestelltest
er bestellte
wir bestellten
ihr bestelltet
sie bestellten

CONDITIONAL

ich würde bestellen
du würdest bestellen
er würde bestellen
wir würden bestellen
ihr würdet bestellen
sie würden bestellen

PLUPERFECT SUBJUNCTIVE

ich hätte bestellt
du hättest bestellt
er hätte bestellt
wir hätten bestellt
ihr hättet bestellt
sie hätten bestellt

PAST PARTICIPLE

bestellt

IMPERATIVE

bestell(e)! bestellen wir! bestellt! bestellen Sie!

bewegen* to persuade

[strong, inseparable, *takes* **haben**]

PRESENT INDICATIVE

ich bewege
du bewegst
er bewegt
wir bewegen
ihr bewegt
sie bewegen

PRESENT SUBJUNCTIVE

ich bewege
du bewegest
er bewege
wir bewegen
ihr beweget
sie bewegen

IMPERFECT INDICATIVE

ich bewog
du bewogst
er bewog
wir bewogen
ihr bewogt
sie bewogen

IMPERFECT SUBJUNCTIVE

ich bewöge
du bewögest
er bewöge
wir bewögen
ihr bewöget
sie bewögen

FUTURE INDICATIVE

ich werde bewegen
du wirst bewegen
er wird bewegen
wir werden bewegen
ihr werdet bewegen
sie werden bewegen

CONDITIONAL

ich würde bewegen
du würdest bewegen
er würde bewegen
wir würden bewegen
ihr würdet bewegen
sie würden bewegen

PERFECT INDICATIVE

ich habe **bewogen**
du hast **bewogen**
er hat **bewogen**
wir haben **bewogen**
ihr habt **bewogen**
sie haben **bewogen**

PLUPERFECT SUBJUNCTIVE

ich hätte **bewogen**
du hättest **bewogen**
er hätte **bewogen**
wir hätten **bewogen**
ihr hättet **bewogen**
sie hätten **bewogen**

PRESENT PARTICIPLE

bewegend

PAST PARTICIPLE

bewogen

IMPERATIVE

beweg(e)! bewegen wir! bewegt! bewegen Sie!
Conjugated as a weak verb when the meaning is "to move".

35

biegen to bend/to turn

···· *(transitive/intransitive)* [strong, *takes* **haben/sein**]····

PRESENT INDICATIVE	
ich	biege
du	biegst
er	biegt
wir	biegen
ihr	biegt
sie	biegen

PRESENT SUBJUNCTIVE	
ich	biege
du	biegest
er	biege
wir	biegen
ihr	bieget
sie	biegen

IMPERFECT INDICATIVE	
ich	bog
du	bogst
er	bog
wir	bogen
ihr	bogt
sie	bogen

IMPERFECT SUBJUNCTIVE	
ich	böge
du	bögest
er	böge
wir	bögen
ihr	böget
sie	bögen

FUTURE INDICATIVE	
ich	werde biegen
du	wirst biegen
er	wird biegen
wir	werden biegen
ihr	werdet biegen
sie	werden biegen

CONDITIONAL	
ich	würde biegen
du	würdest biegen
er	würde biegen
wir	würden biegen
ihr	würdet biegen
sie	würden biegen

PERFECT INDICATIVE	
ich	habe **gebogen***
du	hast **gebogen**
er	hat **gebogen**
wir	haben **gebogen**
ihr	habt **gebogen**
sie	haben **gebogen**

PLUPERFECT SUBJUNCTIVE	
ich	hätte **gebogen***
du	hättest **gebogen**
er	hätte **gebogen**
wir	hätten **gebogen**
ihr	hättet **gebogen**
sie	hätten **gebogen**

PRESENT PARTICIPLE
biegend

PAST PARTICIPLE
gebogen

IMPERATIVE
bieg(e)! biegen wir! biegt! biegen Sie!

* *OR:* **ich** bin/wäre **gebogen** *etc* (*when intransitive*).

bieten to offer (14)

[strong, *takes* haben]

PRESENT INDICATIVE

ich biete
du bietest
er bietet
wir bieten
ihr bietet
sie bieten

PRESENT SUBJUNCTIVE

ich biete
du bietest
er biete
wir bieten
ihr bietet
sie bieten

IMPERFECT INDICATIVE

ich bot
du bot(e)st
er bot
wir boten
ihr botet
sie boten

IMPERFECT SUBJUNCTIVE

ich böte
du bötest
er böte
wir böten
ihr bötet
sie böten

FUTURE INDICATIVE

ich werde bieten
du wirst bieten
er wird bieten
wir werden bieten
ihr werdet bieten
sie werden bieten

CONDITIONAL

ich würde bieten
du würdest bieten
er würde bieten
wir würden bieten
ihr würdet bieten
sie würden bieten

PERFECT INDICATIVE

ich habe geboten
du hast geboten
er hat geboten
wir haben geboten
ihr habt geboten
sie haben geboten

PLUPERFECT SUBJUNCTIVE

ich hätte geboten
du hättest geboten
er hätte geboten
wir hätten geboten
ihr hättet geboten
sie hätten geboten

PRESENT PARTICIPLE

bietend

PAST PARTICIPLE

geboten

IMPERATIVE

biet(e)! bieten wir! bietet! bieten Sie!

15 binden to tie

···· [strong, *takes* haben] ··

PRESENT INDICATIVE	PRESENT SUBJUNCTIVE
ich binde	ich binde
du bindest	du bindest
er bindet	er binde
wir binden	wir binden
ihr bindet	ihr bindet
sie binden	sie binden

IMPERFECT INDICATIVE	IMPERFECT SUBJUNCTIVE
ich band	ich bände
du band(e)st	du bändest
er band	er bände
wir banden	wir bänden
ihr bandet	ihr bändet
sie banden	sie bänden

FUTURE INDICATIVE	CONDITIONAL
ich werde binden	ich würde binden
du wirst binden	du würdest binden
er wird binden	er würde binden
wir werden binden	wir würden binden
ihr werdet binden	ihr würdet binden
sie werden binden	sie würden binden

PERFECT INDICATIVE	PLUPERFECT SUBJUNCTIVE
ich habe gebunden	ich hätte gebunden
du hast gebunden	du hättest gebunden
er hat gebunden	er hätte gebunden
wir haben gebunden	wir hätten gebunden
ihr habt gebunden	ihr hättet gebunden
sie haben gebunden	sie hätten gebunden

PRESENT PARTICIPLE	PAST PARTICIPLE
bindend	gebunden

IMPERATIVE
bind(e)! binden wir! bindet! binden Sie!

bitten to request (16)

[strong, *takes* haben]

PRESENT INDICATIVE
ich bitte
du bittest
er bittet
wir bitten
ihr bittet
sie bitten

PRESENT SUBJUNCTIVE
ich bitte
du bittest
er bitte
wir bitten
ihr bittet
sie bitten

IMPERFECT INDICATIVE
ich bat
du bat(e)st
er bat
wir baten
ihr batet
sie baten

IMPERFECT SUBJUNCTIVE
ich bäte
du bätest
er bäte
wir bäten
ihr bätet
sie bäten

FUTURE INDICATIVE
ich werde bitten
du wirst bitten
er wird bitten
wir werden bitten
ihr werdet bitten
sie werden bitten

CONDITIONAL
ich würde bitten
du würdest bitten
er würde bitten
wir würden bitten
ihr würdet bitten
sie würden bitten

PERFECT INDICATIVE
ich habe **gebeten**
du hast **gebeten**
er hat **gebeten**
wir haben **gebeten**
ihr habt **gebeten**
sie haben **gebeten**

PLUPERFECT SUBJUNCTIVE
ich hätte **gebeten**
du hättest **gebeten**
er hätte **gebeten**
wir hätten **gebeten**
ihr hättet **gebeten**
sie hätten **gebeten**

PRESENT PARTICIPLE
bittend

PAST PARTICIPLE
gebeten

IMPERATIVE
bitt(e)! bitten wir! bittet! bitten Sie!

blasen to blow

···· [strong, *takes* haben] ····

PRESENT INDICATIVE	PRESENT SUBJUNCTIVE
ich blase	ich blase
du bläst	du blasest
er bläst	er blase
wir blasen	wir blasen
ihr blast	ihr blaset
sie blasen	sie blasen

IMPERFECT INDICATIVE	IMPERFECT SUBJUNCTIVE
ich blies	ich bliese
du bliesest	du bliesest
er blies	er bliese
wir bliesen	wir bliesen
ihr bliest	ihr blieset
sie bliesen	sie bliesen

FUTURE INDICATIVE	CONDITIONAL
ich werde blasen	ich würde blasen
du wirst blasen	du würdest blasen
er wird blasen	er würde blasen
wir werden blasen	wir würden blasen
ihr werdet blasen	ihr würdet blasen
sie werden blasen	sie würden blasen

PERFECT INDICATIVE	PLUPERFECT SUBJUNCTIVE
ich habe geblasen	ich hätte geblasen
du hast geblasen	du hättest geblasen
er hat geblasen	er hätte geblasen
wir haben geblasen	wir hätten geblasen
ihr habt geblasen	ihr hättet geblasen
sie haben geblasen	sie hätten geblasen

PRESENT PARTICIPLE	PAST PARTICIPLE
blasend	geblasen

IMPERATIVE
blas(e)! blasen wir! blast! blasen Sie!

bleiben to remain 18

························ [strong, *takes* **sein**] ························

PRESENT INDICATIVE
ich bleibe
du bleibst
er bleibt
wir bleiben
ihr bleibt
sie bleiben

PRESENT SUBJUNCTIVE
ich bleibe
du bleibest
er bleibe
wir bleiben
ihr bleibet
sie bleiben

IMPERFECT INDICATIVE
ich blieb
du bliebst
er blieb
wir blieben
ihr bliebt
sie blieben

IMPERFECT SUBJUNCTIVE
ich bliebe
du bliebest
er bliebe
wir blieben
ihr bliebet
sie blieben

FUTURE INDICATIVE
ich werde bleiben
du wirst bleiben
er wird bleiben
wir werden bleiben
ihr werdet bleiben
sie werden bleiben

CONDITIONAL
ich würde bleiben
du würdest bleiben
er würde bleiben
wir würden bleiben
ihr würdet bleiben
sie würden bleiben

PERFECT INDICATIVE
ich bin **geblieben**
du bist **geblieben**
er ist **geblieben**
wir sind **geblieben**
ihr seid **geblieben**
sie sind **geblieben**

PLUPERFECT SUBJUNCTIVE
ich wäre **geblieben**
du wär(e)st **geblieben**
er wäre **geblieben**
wir wären **geblieben**
ihr wär(e)t **geblieben**
sie wären **geblieben**

PRESENT PARTICIPLE
bleib**end**

PAST PARTICIPLE
geblieben

IMPERATIVE
bleib(e)! bleiben wir! bleibt! bleiben Sie!

19 braten to fry
[strong, *takes* haben]

PRESENT INDICATIVE

ich brate
du brätst
er brät
wir braten
ihr bratet
sie braten

PRESENT SUBJUNCTIVE

ich brate
du bratest
er brate
wir braten
ihr bratet
sie braten

IMPERFECT INDICATIVE

ich briet
du briet(e)st
er briet
wir brieten
ihr brietet
sie brieten

IMPERFECT SUBJUNCTIVE

ich briete
du brietest
er briete
wir brieten
ihr brietet
sie brieten

FUTURE INDICATIVE

ich werde braten
du wirst braten
er wird braten
wir werden braten
ihr werdet braten
sie werden braten

CONDITIONAL

ich würde braten
du würdest braten
er würde braten
wir würden braten
ihr würdet braten
sie würden braten

PERFECT INDICATIVE

ich habe gebraten
du hast gebraten
er hat gebraten
wir haben gebraten
ihr habt gebraten
sie haben gebraten

PLUPERFECT SUBJUNCTIVE

ich hätte gebraten
du hättest gebraten
er hätte gebraten
wir hätten gebraten
ihr hättet gebraten
sie hätten gebraten

PRESENT PARTICIPLE

bratend

PAST PARTICIPLE

gebraten

IMPERATIVE

brat(e)! braten wir! bratet! braten Sie!

brechen to break

··· *(transitive/intransitive)* [strong, *takes* **haben/sein**] ······

PRESENT INDICATIVE
ich breche
du brichst
er bricht
wir brechen
ihr brecht
sie brechen

PRESENT SUBJUNCTIVE
ich breche
du brechest
er breche
wir brechen
ihr brechet
sie brechen

IMPERFECT INDICATIVE
ich brach
du brachst
er brach
wir brachen
ihr bracht
sie brachen

IMPERFECT SUBJUNCTIVE
ich bräche
du brächest
er bräche
wir brächen
ihr brächet
sie brächen

FUTURE INDICATIVE
ich werde brechen
du wirst brechen
er wird brechen
wir werden brechen
ihr werdet brechen
sie werden brechen

CONDITIONAL
ich würde brechen
du würdest brechen
er würde brechen
wir würden brechen
ihr würdet brechen
sie würden brechen

PERFECT INDICATIVE
ich habe **gebrochen***
du hast **gebrochen**
er hat **gebrochen**
wir haben **gebrochen**
ihr habt **gebrochen**
sie haben **gebrochen**

PLUPERFECT SUBJUNCTIVE
ich hätte **gebrochen***
du hättest **gebrochen**
er hätte **gebrochen**
wir hätten **gebrochen**
ihr hättet **gebrochen**
sie hätten **gebrochen**

PRESENT PARTICIPLE
brechend

PAST PARTICIPLE
gebrochen

IMPERATIVE
brich! brechen wir! brecht! brechen Sie!

*OR: **ich bin/wäre gebrochen** etc *(when intransitive)*.

21 **brennen** to burn

···· [mixed, *takes* **haben**] ································

<table>
<tr><td>PRESENT INDICATIVE</td><td>PRESENT SUBJUNCTIVE</td></tr>
<tr><td>

ich brenne
du brennst
er brennt
wir brennen
ihr brennt
sie brennen

</td><td>

ich brenne
du brennest
er brenne
wir brennen
ihr brennet
sie brennen

</td></tr>
<tr><td>IMPERFECT INDICATIVE</td><td>IMPERFECT SUBJUNCTIVE</td></tr>
<tr><td>

ich brannte
du branntest
er brannte
wir brannten
ihr branntet
sie brannten

</td><td>

ich brennte
du brenntest
er brennte
wir brennten
ihr brenntet
sie brennten

</td></tr>
<tr><td>FUTURE INDICATIVE</td><td>CONDITIONAL</td></tr>
<tr><td>

ich werde brennen
du wirst brennen
er wird brennen
wir werden brennen
ihr werdet brennen
sie werden brennen

</td><td>

ich würde brennen
du würdest brennen
er würde brennen
wir würden brennen
ihr würdet brennen
sie würden brennen

</td></tr>
<tr><td>PERFECT INDICATIVE</td><td>PLUPERFECT SUBJUNCTIVE</td></tr>
<tr><td>

ich habe gebrannt
du hast gebrannt
er hat gebrannt
wir haben gebrannt
ihr habt gebrannt
sie haben gebrannt

</td><td>

ich hätte gebrannt
du hättest gebrannt
er hätte gebrannt
wir hätten gebrannt
ihr hättet gebrannt
sie hätten gebrannt

</td></tr>
<tr><td>PRESENT PARTICIPLE</td><td>PAST PARTICIPLE</td></tr>
<tr><td>

brennend

</td><td>

gebrannt

</td></tr>
</table>

IMPERATIVE

brenn(e)! brennen wir! brennt! brennen Sie!

bringen to bring (22)

.... [mixed, *takes* **haben**] ....

PRESENT INDICATIVE	PRESENT SUBJUNCTIVE
ich bringe	**ich** bringe
du bringst	**du** bringest
er bringt	**er** bringe
wir bringen	**wir** bringen
ihr bringt	**ihr** bringet
sie bringen	**sie** bringen

IMPERFECT INDICATIVE	IMPERFECT SUBJUNCTIVE
ich brachte	**ich** brächte
du brachtest	**du** brächtest
er brachte	**er** brächte
wir brachten	**wir** brächten
ihr brachtet	**ihr** brächtet
sie brachten	**sie** brächten

FUTURE INDICATIVE	CONDITIONAL
ich werde bringen	**ich** würde bringen
du wirst bringen	**du** würdest bringen
er wird bringen	**er** würde bringen
wir werden bringen	**wir** würden bringen
ihr werdet bringen	**ihr** würdet bringen
sie werden bringen	**sie** würden bringen

PERFECT INDICATIVE	PLUPERFECT SUBJUNCTIVE
ich habe **gebracht**	**ich** hätte **gebracht**
du hast **gebracht**	**du** hättest **gebracht**
er hat **gebracht**	**er** hätte **gebracht**
wir haben **gebracht**	**wir** hätten **gebracht**
ihr habt **gebracht**	**ihr** hättet **gebracht**
sie haben **gebracht**	**sie** hätten **gebracht**

PRESENT PARTICIPLE	PAST PARTICIPLE
bringen**d**	**gebracht**

IMPERATIVE
bring(**e**)! bringen **wir**! bringt! bringen **Sie**!

23 **denken** to think

···· [mixed, *takes* **haben**] ························

PRESENT INDICATIVE
ich denke
du denkst
er denkt
wir denken
ihr denkt
sie denken

PRESENT SUBJUNCTIVE
ich denke
du denkest
er denke
wir denken
ihr denket
sie denken

IMPERFECT INDICATIVE
ich dachte
du dachtest
er dachte
wir dachten
ihr dachtet
sie dachten

IMPERFECT SUBJUNCTIVE
ich dächte
du dächtest
er dächte
wir dächten
ihr dächtet
sie dächten

FUTURE INDICATIVE
ich werde denken
du wirst denken
er wird denken
wir werden denken
ihr werdet denken
sie werden denken

CONDITIONAL
ich würde denken
du würdest denken
er würde denken
wir würden denken
ihr würdet denken
sie würden denken

PERFECT INDICATIVE
ich habe **gedacht**
du hast **gedacht**
er hat **gedacht**
wir haben **gedacht**
ihr habt **gedacht**
sie haben **gedacht**

PLUPERFECT SUBJUNCTIVE
ich hätte **gedacht**
du hättest **gedacht**
er hätte **gedacht**
wir hätten **gedacht**
ihr hättet **gedacht**
sie hätten **gedacht**

PRESENT PARTICIPLE
denkend

PAST PARTICIPLE
gedacht

IMPERATIVE
denk(e)! denken wir! denkt! denken Sie!

dreschen to thresh 24

PRESENT INDICATIVE	PRESENT SUBJUNCTIVE
ich dresche	ich dresche
du drischst	du dreschest
er drischt	er dresche
wir dreschen	wir dreschen
ihr drescht	ihr dreschet
sie dreschen	sie dreschen

IMPERFECT INDICATIVE	IMPERFECT SUBJUNCTIVE
ich drosch	ich drösche
du drosch(e)st	du dröschest
er drosch	er drösche
wir droschen	wir dröschen
ihr droscht	ihr dröschet
sie droschen	sie dröschen

FUTURE INDICATIVE	CONDITIONAL
ich werde dreschen	ich würde dreschen
du wirst dreschen	du würdest dreschen
er wird dreschen	er würde dreschen
wir werden dreschen	wir würden dreschen
ihr werdet dreschen	ihr würdet dreschen
sie werden dreschen	sie würden dreschen

PERFECT INDICATIVE	PLUPERFECT SUBJUNCTIVE
ich habe gedroschen	ich hätte gedroschen
du hast gedroschen	du hättest gedroschen
er hat gedroschen	er hätte gedroschen
wir haben gedroschen	wir hätten gedroschen
ihr habt gedroschen	ihr hättet gedroschen
sie haben gedroschen	sie hätten gedroschen

PRESENT PARTICIPLE	PAST PARTICIPLE
dreschend	gedroschen

IMPERATIVE
drisch! dreschen wir! drescht! dreschen Sie!

25 **dringen** to penetrate

···· [strong, takes **sein**] ····

PRESENT INDICATIVE	
ich	dringe
du	dringst
er	dringt
wir	dringen
ihr	dringt
sie	dringen

PRESENT SUBJUNCTIVE	
ich	dringe
du	dringest
er	dringe
wir	dringen
ihr	dringet
sie	dringen

IMPERFECT INDICATIVE	
ich	drang
du	drangst
er	drang
wir	drangen
ihr	drangt
sie	drangen

IMPERFECT SUBJUNCTIVE	
ich	dränge
du	drängest
er	dränge
wir	drängen
ihr	dränget
sie	drängen

FUTURE INDICATIVE	
ich	werde dringen
du	wirst dringen
er	wird dringen
wir	werden dringen
ihr	werdet dringen
sie	werden dringen

CONDITIONAL	
ich	würde dringen
du	würdest dringen
er	würde dringen
wir	würden dringen
ihr	würdet dringen
sie	würden dringen

PERFECT INDICATIVE	
ich	bin gedrungen
du	bist gedrungen
er	ist gedrungen
wir	sind gedrungen
ihr	seid gedrungen
sie	sind gedrungen

PLUPERFECT SUBJUNCTIVE	
ich	wäre gedrungen
du	wär(e)st gedrungen
er	wäre gedrungen
wir	wären gedrungen
ihr	wär(e)t gedrungen
sie	wären gedrungen

PRESENT PARTICIPLE
dringend

PAST PARTICIPLE
gedrungen

IMPERATIVE
dring(e)! dringen wir! dringt! dringen Sie!

durchsetzen[1] to penetrate, infiltrate (26)

[weak, inseparable, *takes* haben]

PRESENT INDICATIVE	PRESENT SUBJUNCTIVE
ich durchsetze	ich durchsetze
du durchsetzt	du durchsetzest
er durchsetzt	er durchsetze
wir durchsetzen	wir durchsetzen
ihr durchsetzt	ihr durchsetzet
sie durchsetzen	sie durchsetzen

IMPERFECT INDICATIVE	IMPERFECT SUBJUNCTIVE
ich durchsetzte	ich durchsetzte
du durchsetztest	du durchsetztest
er durchsetzte	er durchsetzte
wir durchsetzten	wir durchsetzten
ihr durchsetztet	ihr durchsetztet
sie durchsetzten	sie durchsetzten

FUTURE INDICATIVE	CONDITIONAL
ich werde durchsetzen	ich würde durchsetzen
du wirst durchsetzen	du würdest durchsetzen
er wird durchsetzen	er würde durchsetzen
wir werden durchsetzen	wir würden durchsetzen
ihr werdet durchsetzen	ihr würdet durchsetzen
sie werden durchsetzen	sie würden durchsetzen

PERFECT INDICATIVE	PLUPERFECT SUBJUNCTIVE
ich habe durchsetzt	ich hätte durchsetzt
du hast durchsetzt	du hättest durchsetzt
er hat durchsetzt	er hätte durchsetzt
wir haben durchsetzt	wir hätten durchsetzt
ihr habt durchsetzt	ihr hättet durchsetzt
sie haben durchsetzt	sie hätten durchsetzt

PRESENT PARTICIPLE	PAST PARTICIPLE
durchsetzend	durchsetzt

IMPERATIVE
durchsetz(e)! durchsetzen wir! durchsetzt! durchsetzen Sie!

27 durchsetzen[2] to enforce

···· [weak, separable, *takes* haben] ····················

PRESENT INDICATIVE	
ich setze durch	
du setzt durch	
er setzt durch	
wir setzen durch	
ihr setzt durch	
sie setzen durch	

PRESENT SUBJUNCTIVE	
ich setze durch	
du setzest durch	
er setze durch	
wir setzen durch	
ihr setzet durch	
sie setzen durch	

IMPERFECT INDICATIVE	
ich setzte durch	
du setztest durch	
er setzte durch	
wir setzten durch	
ihr setztet durch	
sie setzten durch	

IMPERFECT SUBJUNCTIVE	
ich setzte durch	
du setztest durch	
er setzte durch	
wir setzten durch	
ihr setztet durch	
sie setzten durch	

FUTURE INDICATIVE	
ich werde durchsetzen	
du wirst durchsetzen	
er wird durchsetzen	
wir werden durchsetzen	
ihr werdet durchsetzen	
sie werden durchsetzen	

CONDITIONAL	
ich würde durchsetzen	
du würdest durchsetzen	
er würde durchsetzen	
wir würden durchsetzen	
ihr würdet durchsetzen	
sie würden durchsetzen	

PERFECT INDICATIVE	
ich habe durchgesetzt	
du hast durchgesetzt	
er hat durchgesetzt	
wir haben durchgesetzt	
ihr habt durchgesetzt	
sie haben durchgesetzt	

PLUPERFECT SUBJUNCTIVE	
ich hätte durchgesetzt	
du hättest durchgesetzt	
er hätte durchgesetzt	
wir hätten durchgesetzt	
ihr hättet durchgesetzt	
sie hätten durchgesetzt	

PRESENT PARTICIPLE
durchsetzend

PAST PARTICIPLE
durchgesetzt

IMPERATIVE
setz(e) durch! setzen wir durch! setzt durch! setzen Sie durch!

dürfen to be allowed to

·············· [modal, *takes* haben] ··············

PRESENT INDICATIVE	PRESENT SUBJUNCTIVE
ich darf	ich dürfe
du darfst	du dürfest
er darf	er dürfe
wir dürfen	wir dürfen
ihr dürft	ihr dürfet
sie dürfen	sie dürfen

IMPERFECT INDICATIVE	IMPERFECT SUBJUNCTIVE
ich durfte	ich dürfte
du durftest	du dürftest
er durfte	er dürfte
wir durften	wir dürften
ihr durftet	ihr dürftet
sie durften	sie dürften

FUTURE INDICATIVE	CONDITIONAL
ich werde dürfen	ich würde dürfen
du wirst dürfen	du würdest dürfen
er wird dürfen	er würde dürfen
wir werden dürfen	wir würden dürfen
ihr werdet dürfen	ihr würdet dürfen
sie werden dürfen	sie würden dürfen

PERFECT INDICATIVE	PLUPERFECT SUBJUNCTIVE
ich habe gedurft/dürfen	ich hätte gedurft/dürfen
du hast gedurft/dürfen	du hättest gedurft/dürfen
er hat gedurft/dürfen	er hätte gedurft/dürfen
wir haben gedurft/dürfen	wir hätten gedurft/dürfen
ihr habt gedurft/dürfen	ihr hättet gedurft/dürfen
sie haben gedurft/dürfen	sie hätten gedurft/dürfen

PRESENT PARTICIPLE	PAST PARTICIPLE
dürfend	gedurft/dürfen*

*The second form is used when combined with an infinitive construction.

29 · empfehlen to recommend

···· [strong, inseparable, *takes* **haben**] ····················

PRESENT INDICATIVE	
ich	empfehle
du	empfiehlst
er	empfiehlt
wir	empfehlen
ihr	empfehlt
sie	empfehlen

PRESENT SUBJUNCTIVE	
ich	empfehle
du	empfehlest
er	empfehle
wir	empfehlen
ihr	empfehlet
sie	empfehlen

IMPERFECT INDICATIVE	
ich	empfahl
du	empfahlst
er	empfahl
wir	empfahlen
ihr	empfahlt
sie	empfahlen

IMPERFECT SUBJUNCTIVE	
ich	empföhle
du	empföhlest
er	empföhle
wir	empföhlen
ihr	empföhlet
sie	empföhlen

FUTURE INDICATIVE	
ich	werde empfehlen
du	wirst empfehlen
er	wird empfehlen
wir	werden empfehlen
ihr	werdet empfehlen
sie	werden empfehlen

CONDITIONAL	
ich	würde empfehlen
du	würdest empfehlen
er	würde empfehlen
wir	würden empfehlen
ihr	würdet empfehlen
sie	würden empfehlen

PERFECT INDICATIVE	
ich	habe empfohlen
du	hast empfohlen
er	hat empfohlen
wir	haben empfohlen
ihr	habt empfohlen
sie	haben empfohlen

PLUPERFECT SUBJUNCTIVE	
ich	hätte empfohlen
du	hättest empfohlen
er	hätte empfohlen
wir	hätten empfohlen
ihr	hättet empfohlen
sie	hätten empfohlen

PRESENT PARTICIPLE
empfehlend

PAST PARTICIPLE
empfohlen

IMPERATIVE
empfiehl! empfehlen wir! empfehlt! empfehlen Sie!

entdecken to discover (30)

.... [weak, inseparable, *takes* haben] ....

PRESENT INDICATIVE
ich entdecke
du entdeckst
er entdeckt
wir entdecken
ihr entdeckt
sie entdecken

PRESENT SUBJUNCTIVE
ich entdecke
du entdeckest
er entdecke
wir entdecken
ihr entdecket
sie entdecken

IMPERFECT INDICATIVE
ich entdeckte
du entdecktest
er entdeckte
wir entdeckten
ihr entdecktet
sie entdeckten

IMPERFECT SUBJUNCTIVE
ich entdeckte
du entdecktest
er entdeckte
wir entdeckten
ihr entdecktet
sie entdeckten

FUTURE INDICATIVE
ich werde entdecken
du wirst entdecken
er wird entdecken
wir werden entdecken
ihr werdet entdecken
sie werden entdecken

CONDITIONAL
ich würde entdecken
du würdest entdecken
er würde entdecken
wir würden entdecken
ihr würdet entdecken
sie würden entdecken

PERFECT INDICATIVE
ich habe entdeckt
du hast entdeckt
er hat entdeckt
wir haben entdeckt
ihr habt entdeckt
sie haben entdeckt

PLUPERFECT SUBJUNCTIVE
ich hätte entdeckt
du hättest entdeckt
er hätte entdeckt
wir hätten entdeckt
ihr hättet entdeckt
sie hätten entdeckt

PRESENT PARTICIPLE
entdeckend

PAST PARTICIPLE
entdeckt

IMPERATIVE
entdeck(e)! entdecken wir! entdeckt! entdecken Sie!

31 erlöschen to go out

···· [strong, inseparable, *takes* **sein**] ························

PRESENT INDICATIVE		PRESENT SUBJUNCTIVE	
ich	erlösche	ich	erlösche
du	erlischst	du	erlöschest
er	erlischt	er	erlösche
wir	erlöschen	wir	erlöschen
ihr	erlöscht	ihr	erlöschet
sie	erlöschen	sie	erlöschen

IMPERFECT INDICATIVE		IMPERFECT SUBJUNCTIVE	
ich	erlosch	ich	erlösche
du	erlosch(e)st	du	erlöschest
er	erlosch	er	erlösche
wir	erloschen	wir	erlöschen
ihr	erloscht	ihr	erlöschet
sie	erloschen	sie	erlöschen

FUTURE INDICATIVE		CONDITIONAL	
ich	werde erlöschen	ich	würde erlöschen
du	wirst erlöschen	du	würdest erlöschen
er	wird erlöschen	er	würde erlöschen
wir	werden erlöschen	wir	würden erlöschen
ihr	werdet erlöschen	ihr	würdet erlöschen
sie	werden erlöschen	sie	würden erlöschen

PERFECT INDICATIVE		PLUPERFECT SUBJUNCTIVE	
ich	bin erloschen	ich	wäre erloschen
du	bist erloschen	du	wär(e)st erloschen
er	ist erloschen	er	wäre erloschen
wir	sind erloschen	wir	wären erloschen
ihr	seid erloschen	ihr	wär(e)t erloschen
sie	sind erloschen	sie	wären erloschen

PRESENT PARTICIPLE	PAST PARTICIPLE
erlöschend	erloschen

IMPERATIVE
erlisch! erlöschen wir! erlöscht! erlöschen Sie!

54

erschrecken* to be startled (32)

[strong, inseparable, *takes* **sein**]

PRESENT INDICATIVE

ich erschrecke
du **erschrickst**
er **erschrickt**
wir erschrecken
ihr erschreckt
sie erschrecken

PRESENT SUBJUNCTIVE

ich erschrecke
du erschreck**est**
er erschrecke
wir erschrecken
ihr erschrecket
sie erschrecken

IMPERFECT INDICATIVE

ich **erschrak**
du **erschrakst**
er **erschrak**
wir **erschraken**
ihr **erschrakt**
sie **erschraken**

IMPERFECT SUBJUNCTIVE

ich **erschräke**
du **erschräkest**
er **erschräke**
wir **erschräken**
ihr **erschräket**
sie **erschräken**

FUTURE INDICATIVE

ich werde erschrecken
du wirst erschrecken
er wird erschrecken
wir werden erschrecken
ihr werdet erschrecken
sie werden erschrecken

CONDITIONAL

ich würde erschrecken
du würdest erschrecken
er würde erschrecken
wir würden erschrecken
ihr würdet erschrecken
sie würden erschrecken

PERFECT INDICATIVE

ich bin **erschrocken**
du bist **erschrocken**
er ist **erschrocken**
wir sind **erschrocken**
ihr seid **erschrocken**
sie sind **erschrocken**

PLUPERFECT SUBJUNCTIVE

ich wäre **erschrocken**
du wär(e)st **erschrocken**
er wäre **erschrocken**
wir wären **erschrocken**
ihr wär(e)t **erschrocken**
sie wären **erschrocken**

PRESENT PARTICIPLE

erschreckend

PAST PARTICIPLE

erschrocken

IMPERATIVE

erschrick! erschrecken wir! erschreckt! erschrecken Sie!
Weak when means "to frighten".

55

33 erzählen to tell

···· [weak, inseparable, *takes* **haben**] ····················

PRESENT INDICATIVE	PRESENT SUBJUNCTIVE
ich erzähle	ich erzähle
du erzählst	du erzählest
er erzählt	er erzähle
wir erzählen	wir erzählen
ihr erzählt	ihr erzählet
sie erzählen	sie erzählen

IMPERFECT INDICATIVE	IMPERFECT SUBJUNCTIVE
ich erzählte	ich erzählte
du erzähltest	du erzähltest
er erzählte	er erzählte
wir erzählten	wir erzählten
ihr erzähltet	ihr erzähltet
sie erzählten	sie erzählten

FUTURE INDICATIVE	CONDITIONAL
ich werde erzählen	ich würde erzählen
du wirst erzählen	du würdest erzählen
er wird erzählen	er würde erzählen
wir werden erzählen	wir würden erzählen
ihr werdet erzählen	ihr würdet erzählen
sie werden erzählen	sie würden erzählen

PERFECT INDICATIVE	PLUPERFECT SUBJUNCTIVE
ich habe erzählt	ich hätte erzählt
du hast erzählt	du hättest erzählt
er hat erzählt	er hätte erzählt
wir haben erzählt	wir hätten erzählt
ihr habt erzählt	ihr hättet erzählt
sie haben erzählt	sie hätten erzählt

PRESENT PARTICIPLE	PAST PARTICIPLE
erzählend	erzählt

IMPERATIVE
erzähl(e)! erzählen wir! erzählt! erzählen Sie!

PRESENT INDICATIVE	PRESENT SUBJUNCTIVE
ich esse	ich esse
du isst	du essest
er isst	er esse
wir essen	wir essen
ihr esst	ihr esset
sie essen	sie essen

IMPERFECT INDICATIVE	IMPERFECT SUBJUNCTIVE
ich aß	ich äße
du aßest	du äßest
er aß	er äße
wir aßen	wir äßen
ihr aßt	ihr äßet
sie aßen	sie äßen

FUTURE INDICATIVE	CONDITIONAL
ich werde essen	ich würde essen
du wirst essen	du würdest essen
er wird essen	er würde essen
wir werden essen	wir würden essen
ihr werdet essen	ihr würdet essen
sie werden essen	sie würden essen

PERFECT INDICATIVE	PLUPERFECT SUBJUNCTIVE
ich habe gegessen	ich hätte gegessen
du hast gegessen	du hättest gegessen
er hat gegessen	er hätte gegessen
wir haben gegessen	wir hätten gegessen
ihr habt gegessen	ihr hättet gegessen
sie haben gegessen	sie hätten gegessen

PRESENT PARTICIPLE	PAST PARTICIPLE
essend	gegessen

IMPERATIVE
iss! essen wir! esst! essen Sie!

57

35 fahren to drive/to go

··· *(transitive/intransitive)* [strong, *takes* **haben/sein**] ···

PRESENT INDICATIVE		PRESENT SUBJUNCTIVE	
ich	fahre	ich	fahre
du	fährst	du	fahrest
er	fährt	er	fahre
wir	fahren	wir	fahren
ihr	fahrt	ihr	fahret
sie	fahren	sie	fahren

IMPERFECT INDICATIVE		IMPERFECT SUBJUNCTIVE	
ich	fuhr	ich	führe
du	fuhrst	du	führest
er	fuhr	er	führe
wir	fuhren	wir	führen
ihr	fuhrt	ihr	führet
sie	fuhren	sie	führen

FUTURE INDICATIVE		CONDITIONAL	
ich	werde fahren	ich	würde fahren
du	wirst fahren	du	würdest fahren
er	wird fahren	er	würde fahren
wir	werden fahren	wir	würden fahren
ihr	werdet fahren	ihr	würdet fahren
sie	werden fahren	sie	würden fahren

PERFECT INDICATIVE		PLUPERFECT SUBJUNCTIVE	
ich	bin **gefahren***	ich	wäre **gefahren***
du	bist **gefahren**	du	wär(e)st **gefahren**
er	ist **gefahren**	er	wäre **gefahren**
wir	sind **gefahren**	wir	wären **gefahren**
ihr	seid **gefahren**	ihr	wär(e)t **gefahren**
sie	sind **gefahren**	sie	wären **gefahren**

PRESENT PARTICIPLE	PAST PARTICIPLE
fahrend	**gefahren**

IMPERATIVE
fahr(e)! fahren wir! fahrt! fahren Sie!

*OR: **ich** habe/hätte **gefahren** *etc* (*when transitive*).

PRESENT INDICATIVE	PRESENT SUBJUNCTIVE
ich falle	ich falle
du fällst	du fallest
er fällt	er falle
wir fallen	wir fallen
ihr fallt	ihr fallet
sie fallen	sie fallen

IMPERFECT INDICATIVE	IMPERFECT SUBJUNCTIVE
ich fiel	ich fiele
du fielst	du fielest
er fiel	er fiele
wir fielen	wir fielen
ihr fielt	ihr fielet
sie fielen	sie fielen

FUTURE INDICATIVE	CONDITIONAL
ich werde fallen	ich würde fallen
du wirst fallen	du würdest fallen
er wird fallen	er würde fallen
wir werden fallen	wir würden fallen
ihr werdet fallen	ihr würdet fallen
sie werden fallen	sie würden fallen

PERFECT INDICATIVE	PLUPERFECT SUBJUNCTIVE
ich bin gefallen	ich wäre gefallen
du bist gefallen	du wär(e)st gefallen
er ist gefallen	er wäre gefallen
wir sind gefallen	wir wären gefallen
ihr seid gefallen	ihr wär(e)t gefallen
sie sind gefallen	sie wären gefallen

PRESENT PARTICIPLE	PAST PARTICIPLE
fallend	gefallen

IMPERATIVE
fall(e)! fallen wir! fallt! fallen Sie!

37 fangen to catch
···· [strong, *takes* haben] ····················

PRESENT INDICATIVE		PRESENT SUBJUNCTIVE	
ich	fange	ich	fange
du	fängst	du	fangest
er	fängt	er	fange
wir	fangen	wir	fangen
ihr	fangt	ihr	fanget
sie	fangen	sie	fangen

IMPERFECT INDICATIVE		IMPERFECT SUBJUNCTIVE	
ich	fing	ich	finge
du	fingst	du	fingest
er	fing	er	finge
wir	fingen	wir	fingen
ihr	fingt	ihr	finget
sie	fingen	sie	fingen

FUTURE INDICATIVE		CONDITIONAL	
ich	werde fangen	ich	würde fangen
du	wirst fangen	du	würdest fangen
er	wird fangen	er	würde fangen
wir	werden fangen	wir	würden fangen
ihr	werdet fangen	ihr	würdet fangen
sie	werden fangen	sie	würden fangen

PERFECT INDICATIVE		PLUPERFECT SUBJUNCTIVE	
ich	habe gefangen	ich	hätte gefangen
du	hast gefangen	du	hättest gefangen
er	hat gefangen	er	hätte gefangen
wir	haben gefangen	wir	hätten gefangen
ihr	habt gefangen	ihr	hättet gefangen
sie	haben gefangen	sie	hätten gefangen

PRESENT PARTICIPLE	PAST PARTICIPLE
fangend	gefangen

IMPERATIVE
fang(e)! fangen wir! fangt! fangen Sie!

fechten to fence

[strong, *takes* haben]

PRESENT INDICATIVE

ich fechte
du fichtst
er ficht
wir fechten
ihr fechtet
sie fechten

IMPERFECT INDICATIVE

ich focht
du fochtest
er focht
wir fochten
ihr fochtet
sie fochten

FUTURE INDICATIVE

ich werde fechten
du wirst fechten
er wird fechten
wir werden fechten
ihr werdet fechten
sie werden fechten

PERFECT INDICATIVE

ich habe gefochten
du hast gefochten
er hat gefochten
wir haben gefochten
ihr habt gefochten
sie haben gefochten

PRESENT PARTICIPLE

fechtend

PRESENT SUBJUNCTIVE

ich fechte
du fechtest
er fechte
wir fechten
ihr fechtet
sie fechten

IMPERFECT SUBJUNCTIVE

ich föchte
du föchtest
er föchte
wir föchten
ihr föchtet
sie föchten

CONDITIONAL

ich würde fechten
du würdest fechten
er würde fechten
wir würden fechten
ihr würdet fechten
sie würden fechten

PLUPERFECT SUBJUNCTIVE

ich hätte gefochten
du hättest gefochten
er hätte gefochten
wir hätten gefochten
ihr hättet gefochten
sie hätten gefochten

PAST PARTICIPLE

gefochten

IMPERATIVE

ficht! fechten wir! fechtet! fechten Sie!

39 finden to find

[strong, *takes* haben]

PRESENT INDICATIVE

ich finde
du findest
er findet
wir finden
ihr findet
sie finden

PRESENT SUBJUNCTIVE

ich finde
du findest
er finde
wir finden
ihr findet
sie finden

IMPERFECT INDICATIVE

ich fand
du fand(e)st
er fand
wir fanden
ihr fandet
sie fanden

IMPERFECT SUBJUNCTIVE

ich fände
du fändest
er fände
wir fänden
ihr fändet
sie fänden

FUTURE INDICATIVE

ich werde finden
du wirst finden
er wird finden
wir werden finden
ihr werdet finden
sie werden finden

CONDITIONAL

ich würde finden
du würdest finden
er würde finden
wir würden finden
ihr würdet finden
sie würden finden

PERFECT INDICATIVE

ich habe gefunden
du hast gefunden
er hat gefunden
wir haben gefunden
ihr habt gefunden
sie haben gefunden

PLUPERFECT SUBJUNCTIVE

ich hätte gefunden
du hättest gefunden
er hätte gefunden
wir hätten gefunden
ihr hättet gefunden
sie hätten gefunden

PRESENT PARTICIPLE

findend

PAST PARTICIPLE

gefunden

IMPERATIVE

find(e)! finden wir! findet! finden Sie!

flechten to twine

[strong, *takes* haben]

PRESENT INDICATIVE

ich flechte
du flichtst
er flicht
wir flechten
ihr flechtet
sie flechten

IMPERFECT INDICATIVE

ich flocht
du flochtest
er flocht
wir flochten
ihr flochtet
sie flochten

FUTURE INDICATIVE

ich werde flechten
du wirst flechten
er wird flechten
wir werden flechten
ihr werdet flechten
sie werden flechten

PERFECT INDICATIVE

ich habe geflochten
du hast geflochten
er hat geflochten
wir haben geflochten
ihr habt geflochten
sie haben geflochten

PRESENT PARTICIPLE

flechtend

PRESENT SUBJUNCTIVE

ich flechte
du flechtest
er flechte
wir flechten
ihr flechtet
sie flechten

IMPERFECT SUBJUNCTIVE

ich flöchte
du flöchtest
er flöchte
wir flöchten
ihr flöchtet
sie flöchten

CONDITIONAL

ich würde flechten
du würdest flechten
er würde flechten
wir würden flechten
ihr würdet flechten
sie würden flechten

PLUPERFECT SUBJUNCTIVE

ich hätte geflochten
du hättest geflochten
er hätte geflochten
wir hätten geflochten
ihr hättet geflochten
sie hätten geflochten

PAST PARTICIPLE

geflochten

IMPERATIVE

flicht! flechten wir! flechtet! flechten Sie!

41 fliegen to fly
··· (transitive/intransitive) [strong, takes haben/sein] ·

PRESENT INDICATIVE	PRESENT SUBJUNCTIVE
ich fliege	ich fliege
du fliegst	du fliegest
er fliegt	er fliege
wir fliegen	wir fliegen
ihr fliegt	ihr flieget
sie fliegen	sie fliegen

IMPERFECT INDICATIVE	IMPERFECT SUBJUNCTIVE
ich flog	ich flöge
du flogst	du flögest
er flog	er flöge
wir flogen	wir flögen
ihr flogt	ihr flöget
sie flogen	sie flögen

FUTURE INDICATIVE	CONDITIONAL
ich werde fliegen	ich würde fliegen
du wirst fliegen	du würdest fliegen
er wird fliegen	er würde fliegen
wir werden fliegen	wir würden fliegen
ihr werdet fliegen	ihr würdet fliegen
sie werden fliegen	sie würden fliegen

PERFECT INDICATIVE	PLUPERFECT SUBJUNCTIVE
ich habe geflogen*	ich hätte geflogen*
du hast geflogen	du hättest geflogen
er hat geflogen	er hätte geflogen
wir haben geflogen	wir hätten geflogen
ihr habt geflogen	ihr hättet geflogen
sie haben geflogen	sie hätten geflogen

PRESENT PARTICIPLE	PAST PARTICIPLE
fliegend	geflogen

IMPERATIVE
flieg(e)! fliegen wir! fliegt! fliegen Sie!

*OR: ich bin/wäre geflogen etc (when intransitive).

fliehen to flee 42

.... (transitive/intransitive) [strong, takes **haben/sein**]..

PRESENT INDICATIVE	PRESENT SUBJUNCTIVE
ich fliehe	ich fliehe
du fliehst	du fliehest
er flieht	er fliehe
wir fliehen	wir fliehen
ihr flieht	ihr fliehet
sie fliehen	sie fliehen

IMPERFECT INDICATIVE	IMPERFECT SUBJUNCTIVE
ich floh	ich flöhe
du flohst	du flöhest
er floh	er flöhe
wir flohen	wir flöhen
ihr floht	ihr flöhet
sie flohen	sie flöhen

FUTURE INDICATIVE	CONDITIONAL
ich werde fliehen	ich würde fliehen
du wirst fliehen	du würdest fliehen
er wird fliehen	er würde fliehen
wir werden fliehen	wir würden fliehen
ihr werdet fliehen	ihr würdet fliehen
sie werden fliehen	sie würden fliehen

PERFECT INDICATIVE	PLUPERFECT SUBJUNCTIVE
ich bin **geflohen***	ich wäre **geflohen***
du bist **geflohen**	du wär(e)st **geflohen**
er ist **geflohen**	er wäre **geflohen**
wir sind **geflohen**	wir wären **geflohen**
ihr seid **geflohen**	ihr wär(e)t **geflohen**
sie sind **geflohen**	sie wären **geflohen**

PRESENT PARTICIPLE	PAST PARTICIPLE
flieh**end**	**geflohen**

IMPERATIVE
flieh(**e**)! fliehen wir! flieht! fliehen Sie!

*OR: **ich** habe/hätte **geflohen** etc (when transitive).

43   fließen to flow

····· [strong, *takes* sein] ·····

PRESENT INDICATIVE

ich	fließe
du	fließt
er	fließt
wir	fließen
ihr	fließt
sie	fließen

PRESENT SUBJUNCTIVE

ich	fließe
du	fließest
er	fließe
wir	fließen
ihr	fließet
sie	fließen

IMPERFECT INDICATIVE

ich	floss
du	flossest
er	floss
wir	flossen
ihr	flosst
sie	flossen

IMPERFECT SUBJUNCTIVE

ich	flösse
du	flössest
er	flösse
wir	flössen
ihr	flösset
sie	flössen

FUTURE INDICATIVE

ich	werde fließen
du	wirst fließen
er	wird fließen
wir	werden fließen
ihr	werdet fließen
sie	werden fließen

CONDITIONAL

ich	würde fließen
du	würdest fließen
er	würde fließen
wir	würden fließen
ihr	würdet fließen
sie	würden fließen

PERFECT INDICATIVE

ich	bin **geflossen**
du	bist **geflossen**
er	ist **geflossen**
wir	sind **geflossen**
ihr	seid **geflossen**
sie	sind **geflossen**

PLUPERFECT SUBJUNCTIVE

ich	wäre **geflossen**
du	wär(e)st **geflossen**
er	wäre **geflossen**
wir	wären **geflossen**
ihr	wär(e)t **geflossen**
sie	wären **geflossen**

PRESENT PARTICIPLE
fließe**nd**

PAST PARTICIPLE
geflossen

IMPERATIVE
fließ(e)! fließen wir! fließt! fließen Sie!

fressen to eat 44

[strong, *takes* haben]

PRESENT INDICATIVE	PRESENT SUBJUNCTIVE
ich fresse	ich fresse
du frisst	du fressest
er frisst	er fresse
wir fressen	wir fressen
ihr fresst	ihr fresset
sie fressen	sie fressen

IMPERFECT INDICATIVE	IMPERFECT SUBJUNCTIVE
ich fraß	ich fräße
du fraßest	du fräßest
er fraß	er fräße
wir fraßen	wir fräßen
ihr fraßt	ihr fräßet
sie fraßen	sie fräßen

FUTURE INDICATIVE	CONDITIONAL
ich werde fressen	ich würde fressen
du wirst fressen	du würdest fressen
er wird fressen	er würde fressen
wir werden fressen	wir würden fressen
ihr werdet fressen	ihr würdet fressen
sie werden fressen	sie würden fressen

PERFECT INDICATIVE	PLUPERFECT SUBJUNCTIVE
ich habe gefressen	ich hätte gefressen
du hast gefressen	du hättest gefressen
er hat gefressen	er hätte gefressen
wir haben gefressen	wir hätten gefressen
ihr habt gefressen	ihr hättet gefressen
sie haben gefressen	sie hätten gefressen

PRESENT PARTICIPLE	PAST PARTICIPLE
fressend	gefressen

IMPERATIVE
friss! fressen wir! fresst! fressen Sie!

45 sich freuen to be pleased

..... [weak, *takes* haben] .....

PRESENT INDICATIVE

ich freue **mich**
du freust **dich**
er freut **sich**
wir freuen **uns**
ihr freut **euch**
sie freuen **sich**

IMPERFECT INDICATIVE

ich freute **mich**
du freutest **dich**
er freute **sich**
wir freuten **uns**
ihr freutet **euch**
sie freuten **sich**

FUTURE INDICATIVE

ich werde **mich** freuen
du wirst **dich** freuen
er wird **sich** freuen
wir werden **uns** freuen
ihr werdet **euch** freuen
sie werden **sich** freuen

PERFECT INDICATIVE

ich habe **mich** gefreut
du hast **dich** gefreut
er hat **sich** gefreut
wir haben **uns** gefreut
ihr habt **euch** gefreut
sie haben **sich** gefreut

PRESENT PARTICIPLE

freuend

PRESENT SUBJUNCTIVE

ich freue **mich**
du freuest **dich**
er freue **sich**
wir freuen **uns**
ihr freuet **euch**
sie freuen **sich**

IMPERFECT SUBJUNCTIVE

ich freute **mich**
du freutest **dich**
er freute **sich**
wir freuten **uns**
ihr freutet **euch**
sie freuten **sich**

CONDITIONAL

ich würde **mich** freuen
du würdest **dich** freuen
er würde **sich** freuen
wir würde n**uns** freuen
ihr würde t**euch** freuen
sie würde n**sich** freuen

PLUPERFECT SUBJUNCTIVE

ich hätte **mich** gefreut
du hättest **dich** gefreut
er hätte **sich** gefreut
wir hätten **uns** gefreut
ihr hättet **euch** gefreut
sie hätten **sich** gefreut

PAST PARTICIPLE

gefreut

IMPERATIVE

freue **dich**! freuen wir **uns**! freut **euch**! freuen Sie **sich**!

frieren to freeze 46

···· *(transitive/intransitive)* [strong, *takes* haben/sein] ····

<table>
<tr><td>

PRESENT INDICATIVE

ich friere
du frierst
er friert
wir frieren
ihr friert
sie frieren

</td><td>

PRESENT SUBJUNCTIVE

ich friere
du frierest
er friere
wir frieren
ihr frieret
sie frieren

</td></tr>
<tr><td>

IMPERFECT INDICATIVE

ich fror
du frorst
er fror
wir froren
ihr frort
sie froren

</td><td>

IMPERFECT SUBJUNCTIVE

ich fröre
du frörest
er fröre
wir frören
ihr fröret
sie frören

</td></tr>
<tr><td>

FUTURE INDICATIVE

ich werde frieren
du wirst frieren
er wird frieren
wir werden frieren
ihr werdet frieren
sie werden frieren

</td><td>

CONDITIONAL

ich würde frieren
du würdest frieren
er würde frieren
wir würden frieren
ihr würdet frieren
sie würden frieren

</td></tr>
<tr><td>

PERFECT INDICATIVE

ich habe gefroren*
du hast gefroren
er hat gefroren
wir haben gefroren
ihr habt gefroren
sie haben gefroren

</td><td>

PLUPERFECT SUBJUNCTIVE

ich hätte gefroren*
du hättest gefroren
er hätte gefroren
wir hätten gefroren
ihr hättet gefroren
sie hätten gefroren

</td></tr>
<tr><td>

PRESENT PARTICIPLE

frierend

</td><td>

PAST PARTICIPLE

gefroren

</td></tr>
</table>

IMPERATIVE

frier(e)! frieren wir! friert! frieren Sie!

OR: **ich** bin/wäre **gefroren** *etc when the meaning is "to freeze over".*

47 gären to ferment
··· (transitive/intransitive) [strong, *takes* haben/sein] ···

PRESENT INDICATIVE	PRESENT SUBJUNCTIVE
ich gäre	ich gäre
du gärst	du gärest
er gärt	er gäre
wir gären	wir gären
ihr gärt	ihr gäret
sie gären	sie gären

IMPERFECT INDICATIVE	IMPERFECT SUBJUNCTIVE
ich gor	ich göre
du gorst	du görest
er gor	er göre
wir goren	wir gören
ihr gort	ihr göret
sie goren	sie gören

FUTURE INDICATIVE	CONDITIONAL
ich werde gären	ich würde gären
du wirst gären	du würdest gären
er wird gären	er würde gären
wir werden gären	wir würden gären
ihr werdet gären	ihr würdet gären
sie werden gären	sie würden gären

PERFECT INDICATIVE	PLUPERFECT SUBJUNCTIVE
ich habe **gegoren***	ich hätte **gegoren***
du hast **gegoren**	du hättest **gegoren**
er hat **gegoren**	er hätte **gegoren**
wir haben **gegoren**	wir hätten **gegoren**
ihr habt **gegoren**	ihr hättet **gegoren**
sie haben **gegoren**	sie hätten **gegoren**

PRESENT PARTICIPLE	PAST PARTICIPLE
gärend	**gegoren**

IMPERATIVE
gär(e)! gären wir! gärt! gären Sie!
* *OR*: ich bin/wäre **gegoren** etc (when intransitive)

70

gebären to give birth

[strong, *takes* haben]

PRESENT INDICATIVE	PRESENT SUBJUNCTIVE
ich gebäre	ich gebäre
du gebierst	du gebärest
er gebiert	er gebäre
wir gebären	wir gebären
ihr gebärt	ihr gebäret
sie gebären	sie gebären

IMPERFECT INDICATIVE	IMPERFECT SUBJUNCTIVE
ich gebar	ich gebäre
du gebarst	du gebärest
er gebar	er gebäre
wir gebaren	wir gebären
ihr gebart	ihr gebäret
sie gebaren	sie gebären

FUTURE INDICATIVE	CONDITIONAL
ich werde gebären	ich würde gebären
du wirst gebären	du würdest gebären
er wird gebären	er würde gebären
wir werden gebären	wir würden gebären
ihr werdet gebären	ihr würdet gebären
sie werden gebären	sie würden gebären

PERFECT INDICATIVE	PLUPERFECT SUBJUNCTIVE
ich habe geboren	ich hätte geboren
du hast geboren	du hättest geboren
er hat geboren	er hätte geboren
wir haben geboren	wir hätten geboren
ihr habt geboren	ihr hättet geboren
sie haben geboren	sie hätten geboren

PRESENT PARTICIPLE	PAST PARTICIPLE
gebärend	geboren

IMPERATIVE
gebier! gebären wir! gebärt! gebären Sie!

49 geben to give
[strong, *takes* haben]

PRESENT INDICATIVE	PRESENT SUBJUNCTIVE
ich gebe	ich gebe
du gibst	du gebest
er gibt	er gebe
wir geben	wir geben
ihr gebt	ihr gebet
sie geben	sie geben

IMPERFECT INDICATIVE	IMPERFECT SUBJUNCTIVE
ich gab	ich gäbe
du gabst	du gäbest
er gab	er gäbe
wir gaben	wir gäben
ihr gabt	ihr gäbet
sie gaben	sie gäben

FUTURE INDICATIVE	CONDITIONAL
ich werde geben	ich würde geben
du wirst geben	du würdest geben
er wird geben	er würde geben
wir werden geben	wir würden geben
ihr werdet geben	ihr würdet geben
sie werden geben	sie würden geben

PERFECT INDICATIVE	PLUPERFECT SUBJUNCTIVE
ich habe gegeben	ich hätte gegeben
du hast gegeben	du hättest gegeben
er hat gegeben	er hätte gegeben
wir haben gegeben	wir hätten gegeben
ihr habt gegeben	ihr hättet gegeben
sie haben gegeben	sie hätten gegeben

PRESENT PARTICIPLE	PAST PARTICIPLE
gebend	gegeben

IMPERATIVE
gib! geben wir! gebt! geben Sie!

72

gedeihen to thrive

[strong, inseparable, *takes* **sein**]

PRESENT INDICATIVE
ich gedeihe
du gedeihst
er gedeiht
wir gedeihen
ihr gedeiht
sie gedeihen

PRESENT SUBJUNCTIVE
ich gedeihe
du gedeihest
er gedeihe
wir gedeihen
ihr gedeihet
sie gedeihen

IMPERFECT INDICATIVE
ich gedieh
du gediehst
er gedieh
wir gediehen
ihr gedieht
sie gediehen

IMPERFECT SUBJUNCTIVE
ich gediehe
du gediehest
er gediehe
wir gediehen
ihr gediehet
sie gediehen

FUTURE INDICATIVE
ich werde gedeihen
du wirst gedeihen
er wird gedeihen
wir werden gedeihen
ihr werdet gedeihen
sie werden gedeihen

CONDITIONAL
ich würde gedeihen
du würdest gedeihen
er würde gedeihen
wir würden gedeihen
ihr würdet gedeihen
sie würden gedeihen

PERFECT INDICATIVE
ich bin **gedeihen**
du bist **gedeihen**
er ist **gedeihen**
wir sind **gedeihen**
ihr seid **gedeihen**
sie sind **gedeihen**

PLUPERFECT SUBJUNCTIVE
ich wäre **gedeihen**
du wär(e)st **gedeihen**
er wäre **gedeihen**
wir wären **gedeihen**
ihr wär(e)t **gedeihen**
sie wären **gedeihen**

PRESENT PARTICIPLE
gedeihend

PAST PARTICIPLE
gedeihen

IMPERATIVE
gedeih(e)! gedeihen wir! gedeiht! gedeihen Sie!

gehen to go
[strong, *takes* sein]

PRESENT INDICATIVE

ich gehe
du gehst
er geht
wir gehen
ihr geht
sie gehen

IMPERFECT INDICATIVE

ich ging
du gingst
er ging
wir gingen
ihr gingt
sie gingen

FUTURE INDICATIVE

ich werde gehen
du wirst gehen
er wird gehen
wir werden gehen
ihr werdet gehen
sie werden gehen

PERFECT INDICATIVE

ich bin **gegangen**
du bist **gegangen**
er ist **gegangen**
wir sind **gegangen**
ihr seid **gegangen**
sie sind **gegangen**

PRESENT PARTICIPLE

gehend

PRESENT SUBJUNCTIVE

ich gehe
du gehest
er gehe
wir gehen
ihr gehet
sie gehen

IMPERFECT SUBJUNCTIVE

ich ginge
du gingest
er ginge
wir gingen
ihr ginget
sie gingen

CONDITIONAL

ich würde gehen
du würdest gehen
er würde gehen
wir würden gehen
ihr würdet gehen
sie würden gehen

PLUPERFECT SUBJUNCTIVE

ich wäre **gegangen**
du wär(e)st **gegangen**
er wäre **gegangen**
wir wären **gegangen**
ihr wär(e)t **gegangen**
sie wären **gegangen**

PAST PARTICIPLE

gegangen

IMPERATIVE

geh(e)! gehen wir! geht! gehen Sie!

gehorchen to obey 52

.... [weak, inseparable, *takes* haben]

PRESENT INDICATIVE

ich gehorche
du gehorchst
er gehorcht
wir gehorchen
ihr gehorcht
sie gehorchen

PRESENT SUBJUNCTIVE

ich gehorche
du gehorchest
er gehorche
wir gehorchen
ihr gehorchet
sie gehorchen

IMPERFECT INDICATIVE

ich gehorchte
du gehorchtest
er gehorchte
wir gehorchten
ihr gehorchtet
sie gehorchten

IMPERFECT SUBJUNCTIVE

ich gehorchte
du gehorchtest
er gehorchte
wir gehorchten
ihr gehorchtet
sie gehorchten

FUTURE INDICATIVE

ich werde gehorchen
du wirst gehorchen
er wird gehorchen
wir werden gehorchen
ihr werdet gehorchen
sie werden gehorchen

CONDITIONAL

ich würde gehorchen
du würdest gehorchen
er würde gehorchen
wir würden gehorchen
ihr würdet gehorchen
sie würden gehorchen

PERFECT INDICATIVE

ich habe gehorcht
du hast gehorcht
er hat gehorcht
wir haben gehorcht
ihr habt gehorcht
sie haben gehorcht

PLUPERFECT SUBJUNCTIVE

ich hätte gehorcht
du hättest gehorcht
er hätte gehorcht
wir hätten gehorcht
ihr hättet gehorcht
sie hätten gehorcht

PRESENT PARTICIPLE

gehorchend

PAST PARTICIPLE

gehorcht

IMPERATIVE

gehorch(e)! gehorchen wir! gehorcht! gehorchen Sie!

53 gelingen to succeed
[strong, impersonal, *takes* sein]

PRESENT INDICATIVE
es gelingt

PRESENT SUBJUNCTIVE
es gelinge

IMPERFECT INDICATIVE
es gelang

IMPERFECT SUBJUNCTIVE
es gelänge

FUTURE INDICATIVE
es wird gelingen

CONDITIONAL
es würde gelingen

PERFECT INDICATIVE
es ist gelungen

PLUPERFECT SUBJUNCTIVE
es wäre gelungen

PRESENT PARTICIPLE
gelingend

PAST PARTICIPLE
gelungen

This verb is used only in the third person singular.

gelten to be valid; to be considered (54)

[strong, *takes* haben]

PRESENT INDICATIVE		PRESENT SUBJUNCTIVE	
ich	gelte	ich	gelte
du	giltst	du	geltest
er	gilt	er	gelte
wir	gelten	wir	gelten
ihr	geltet	ihr	geltet
sie	gelten	sie	gelten

IMPERFECT INDICATIVE		IMPERFECT SUBJUNCTIVE	
ich	galt	ich	gälte
du	galt(e)st	du	gältest
er	galt	er	gälte
wir	galten	wir	gälten
ihr	galtet	ihr	gältet
sie	galten	sie	gälten

FUTURE INDICATIVE		CONDITIONAL	
ich	werde gelten	ich	würde gelten
du	wirst gelten	du	würdest gelten
er	wird gelten	er	würde gelten
wir	werden gelten	wir	würden gelten
ihr	werdet gelten	ihr	würdet gelten
sie	werden gelten	sie	würden gelten

PERFECT INDICATIVE		PLUPERFECT SUBJUNCTIVE	
ich	habe gegolten	ich	hätte gegolten
du	hast gegolten	du	hättest gegolten
er	hat gegolten	er	hätte gegolten
wir	haben gegolten	wir	hätten gegolten
ihr	habt gegolten	ihr	hättet gegolten
sie	haben gegolten	sie	hätten gegolten

PRESENT PARTICIPLE	PAST PARTICIPLE
geltend	gegolten

IMPERATIVE
gilt! gelten wir! geltet! gelten Sie!

55 genesen to recover
···· [strong, inseparable, *takes* sein] ·····················

PRESENT INDICATIVE	
ich	genese
du	genest
er	genest
wir	genesen
ihr	genest
sie	genesen

PRESENT SUBJUNCTIVE	
ich	genese
du	genesest
er	genese
wir	genesen
ihr	geneset
sie	genesen

IMPERFECT INDICATIVE	
ich	genas
du	genasest
er	genas
wir	genasen
ihr	genast
sie	genasen

IMPERFECT SUBJUNCTIVE	
ich	genäse
du	genäsest
er	genäse
wir	genäsen
ihr	genäset
sie	genäsen

FUTURE INDICATIVE	
ich	werde genesen
du	wirst genesen
er	wird genesen
wir	werden genesen
ihr	werdet genesen
sie	werden genesen

CONDITIONAL	
ich	würde genesen
du	würdest genesen
er	würde genesen
wir	würden genesen
ihr	würdet genesen
sie	würden genesen

PERFECT INDICATIVE	
ich	bin genesen
du	bist genesen
er	ist genesen
wir	sind genesen
ihr	seid genesen
sie	sind genesen

PLUPERFECT SUBJUNCTIVE	
ich	wäre genesen
du	wär(e)st genesen
er	wäre genesen
wir	wären genesen
ihr	wär(e)t genesen
sie	wären genesen

PRESENT PARTICIPLE
genesend

PAST PARTICIPLE
genesen

IMPERATIVE
genese! genesen wir! genest! genesen Sie!

genießen to enjoy 56

.... [strong, inseparable, *takes* haben]

PRESENT INDICATIVE	PRESENT SUBJUNCTIVE
ich genieße	ich genieße
du genießt	du genießest
er genießt	er genieße
wir genießen	wir genießen
ihr genießt	ihr genießet
sie genießen	sie genießen

IMPERFECT INDICATIVE	IMPERFECT SUBJUNCTIVE
ich genoss	ich genösse
du genossest	du genössest
er genoss	er genösse
wir genossen	wir genössen
ihr genosst	ihr genösset
sie genossen	sie genössen

FUTURE INDICATIVE	CONDITIONAL
ich werde genießen	ich würde genießen
du wirst genießen	du würdest genießen
er wird genießen	er würde genießen
wir werden genießen	wir würden genießen
ihr werdet genießen	ihr würdet genießen
sie werden genießen	sie würden genießen

PERFECT INDICATIVE	PLUPERFECT SUBJUNCTIVE
ich habe genossen	ich hätte genossen
du hast genossen	du hättest genossen
er hat genossen	er hätte genossen
wir haben genossen	wir hätten genossen
ihr habt genossen	ihr hättet genossen
sie haben genossen	sie hätten genossen

PRESENT PARTICIPLE	PAST PARTICIPLE
genießend	genossen

IMPERATIVE
genieß(e)! genießen wir! genießt! genießen Sie!

57 geraten to turn out; to get
···· [strong, inseparable, *takes* **sein**] ····

PRESENT INDICATIVE	PRESENT SUBJUNCTIVE
ich gerate	ich gerate
du gerätst	du geratest
er gerät	er gerate
wir geraten	wir geraten
ihr geratet	ihr geratet
sie geraten	sie geraten

IMPERFECT INDICATIVE	IMPERFECT SUBJUNCTIVE
ich geriet	ich geriete
du geriet(e)st	du gerietest
er geriet	er geriete
wir gerieten	wir gerieten
ihr gerietet	ihr gerietet
sie gerieten	sie gerieten

FUTURE INDICATIVE	CONDITIONAL
ich werde geraten	ich würde geraten
du wirst geraten	du würdest geraten
er wird geraten	er würde geraten
wir werden geraten	wir würden geraten
ihr werdet geraten	ihr würdet geraten
sie werden geraten	sie würden geraten

PERFECT INDICATIVE	PLUPERFECT SUBJUNCTIVE
ich bin **geraten**	ich wäre **geraten**
du bist **geraten**	du wär(e)st **geraten**
er ist **geraten**	er wäre **geraten**
wir sind **geraten**	wir wären **geraten**
ihr seid **geraten**	ihr wär(e)t **geraten**
sie sind **geraten**	sie wären **geraten**

PRESENT PARTICIPLE	PAST PARTICIPLE
geratend	**geraten**

IMPERATIVE
gerat(e)! geraten wir! geratet! geraten Sie!

geschehen to happen 58

.... [strong, impersonal, *takes* **sein**] ....

PRESENT INDICATIVE	PRESENT SUBJUNCTIVE
es **geschieht**	es geschehe

IMPERFECT INDICATIVE	IMPERFECT SUBJUNCTIVE
es **geschah**	es **geschähe**

FUTURE INDICATIVE	CONDITIONAL
es wird geschehen	es würde geschehen

PERFECT INDICATIVE	PLUPERFECT SUBJUNCTIVE
es ist **geschehen**	es wäre **geschehen**

PRESENT PARTICIPLE	PAST PARTICIPLE
geschehen**d**	**geschehen**

This verb is used only in the third person singular.

59   *gewinnen* to win
[strong, inseparable, *takes* **haben**]

PRESENT INDICATIVE	
ich	gewinne
du	gewinnst
er	gewinnt
wir	gewinnen
ihr	gewinnt
sie	gewinnen

PRESENT SUBJUNCTIVE	
ich	gewinne
du	gewinnest
er	gewinne
wir	gewinnen
ihr	gewinnet
sie	gewinnen

IMPERFECT INDICATIVE	
ich	**gewann**
du	**gewannst**
er	**gewann**
wir	**gewannen**
ihr	**gewannt**
sie	**gewannen**

IMPERFECT SUBJUNCTIVE	
ich	**gewönne**
du	**gewönnest**
er	**gewönne**
wir	**gewönnen**
ihr	**gewönnet**
sie	**gewönnen**

FUTURE INDICATIVE	
ich	werde gewinnen
du	wirst gewinnen
er	wird gewinnen
wir	werden gewinnen
ihr	werdet gewinnen
sie	werden gewinnen

CONDITIONAL	
ich	würde gewinnen
du	würdest gewinnen
er	würde gewinnen
wir	würden gewinnen
ihr	würdet gewinnen
sie	würden gewinnen

PERFECT INDICATIVE	
ich	habe **gewonnen**
du	hast **gewonnen**
er	hat **gewonnen**
wir	haben **gewonnen**
ihr	habt **gewonnen**
sie	haben **gewonnen**

PLUPERFECT SUBJUNCTIVE	
ich	hätte **gewonnen**
du	hättest **gewonnen**
er	hätte **gewonnen**
wir	hätten **gewonnen**
ihr	hättet **gewonnen**
sie	hätten **gewonnen**

PRESENT PARTICIPLE
gewinnend

PAST PARTICIPLE
gewonnen

IMPERATIVE
gewinn(e)! gewinnen wir! gewinnt! gewinnen Sie!

gießen to pour

···· [strong, *takes* haben] ····

PRESENT INDICATIVE

ich gieße
du gießt
er gießt
wir gießen
ihr gießt
sie gießen

PRESENT SUBJUNCTIVE

ich gieße
du gießest
er gieße
wir gießen
ihr gießet
sie gießen

IMPERFECT INDICATIVE

ich goss
du gossest
er goss
wir gossen
ihr gosst
sie gossen

IMPERFECT SUBJUNCTIVE

ich gösse
du gössest
er gösse
wir gössen
ihr gösset
sie gössen

FUTURE INDICATIVE

ich werde gießen
du wirst gießen
er wird gießen
wir werden gießen
ihr werdet gießen
sie werden gießen

CONDITIONAL

ich würde gießen
du würdest gießen
er würde gießen
wir würden gießen
ihr würdet gießen
sie würden gießen

PERFECT INDICATIVE

ich habe **gegossen**
du hast **gegossen**
er hat **gegossen**
wir haben **gegossen**
ihr habt **gegossen**
sie haben **gegossen**

PLUPERFECT SUBJUNCTIVE

ich hätte **gegossen**
du hättest **gegossen**
er hätte **gegossen**
wir hätten **gegossen**
ihr hättet **gegossen**
sie hätten **gegossen**

PRESENT PARTICIPLE

gießend

PAST PARTICIPLE

gegossen

IMPERATIVE

gieß(e)! gießen wir! gießt! gießen Sie!

61 · gleichen to resemble; to equal
···· [strong, *takes* haben] ····

PRESENT INDICATIVE	
ich	gleiche
du	gleichst
er	gleicht
wir	gleichen
ihr	gleicht
sie	gleichen

PRESENT SUBJUNCTIVE	
ich	gleiche
du	gleichest
er	gleiche
wir	gleichen
ihr	gleichet
sie	gleichen

IMPERFECT INDICATIVE	
ich	glich
du	glichst
er	glich
wir	glichen
ihr	glicht
sie	glichen

IMPERFECT SUBJUNCTIVE	
ich	gliche
du	glichest
er	gliche
wir	glichen
ihr	glichet
sie	glichen

FUTURE INDICATIVE	
ich	werde gleichen
du	wirst gleichen
er	wird gleichen
wir	werden gleichen
ihr	werdet gleichen
sie	werden gleichen

CONDITIONAL	
ich	würde gleichen
du	würdest gleichen
er	würde gleichen
wir	würden gleichen
ihr	würdet gleichen
sie	würden gleichen

PERFECT INDICATIVE	
ich	habe geglichen
du	hast geglichen
er	hat geglichen
wir	haben geglichen
ihr	habt geglichen
sie	haben geglichen

PLUPERFECT SUBJUNCTIVE	
ich	hätte geglichen
du	hättest geglichen
er	hätte geglichen
wir	hätten geglichen
ihr	hättet geglichen
sie	hätten geglichen

PRESENT PARTICIPLE
gleichend

PAST PARTICIPLE
geglichen

IMPERATIVE
gleich(e)! gleichen wir! gleicht! gleichen Sie!

84

gleiten to glide, slide

[strong, *takes* sein]

PRESENT INDICATIVE	
ich	gleite
du	gleitest
er	gleitet
wir	gleiten
ihr	gleitet
sie	gleiten

PRESENT SUBJUNCTIVE	
ich	gleite
du	gleitest
er	gleite
wir	gleiten
ihr	gleitet
sie	gleiten

IMPERFECT INDICATIVE	
ich	glitt
du	glitt(e)st
er	glitt
wir	glitten
ihr	glittet
sie	glitten

IMPERFECT SUBJUNCTIVE	
ich	glitte
du	glittest
er	glitte
wir	glitten
ihr	glittet
sie	glitten

FUTURE INDICATIVE	
ich	werde gleiten
du	wirst gleiten
er	wird gleiten
wir	werden gleiten
ihr	werdet gleiten
sie	werden gleiten

CONDITIONAL	
ich	würde gleiten
du	würdest gleiten
er	würde gleiten
wir	würden gleiten
ihr	würdet gleiten
sie	würden gleiten

PERFECT INDICATIVE	
ich	bin geglitten
du	bist geglitten
er	ist geglitten
wir	sind geglitten
ihr	seid geglitten
sie	sind geglitten

PLUPERFECT SUBJUNCTIVE	
ich	wäre geglitten
du	wär(e)st geglitten
er	wäre geglitten
wir	wären geglitten
ihr	wär(e)t geglitten
sie	wären geglitten

PRESENT PARTICIPLE
gleitend

PAST PARTICIPLE
geglitten

IMPERATIVE
gleit(e)! gleiten wir! gleitet! gleiten Sie!

63 glimmen to glimmer
[strong, *takes* haben]

<table>
<tr><td colspan="2">

PRESENT INDICATIVE

ich glimme
du glimmst
er glimmt
wir glimmen
ihr glimmt
sie glimmen
</td><td colspan="2">

PRESENT SUBJUNCTIVE

ich glimme
du glimmest
er glimme
wir glimmen
ihr glimmet
sie glimmen
</td></tr>
</table>

PRESENT INDICATIVE	PRESENT SUBJUNCTIVE
ich glimme	ich glimme
du glimmst	du glimmest
er glimmt	er glimme
wir glimmen	wir glimmen
ihr glimmt	ihr glimmet
sie glimmen	sie glimmen

IMPERFECT INDICATIVE	IMPERFECT SUBJUNCTIVE
ich glomm	ich glömme
du glommst	du glömmest
er glomm	er glömme
wir glommen	wir glömmen
ihr glommt	ihr glömmet
sie glommen	sie glömmen

FUTURE INDICATIVE	CONDITIONAL
ich werde glimmen	ich würde glimmen
du wirst glimmen	du würdest glimmen
er wird glimmen	er würde glimmen
wir werden glimmen	wir würden glimmen
ihr werdet glimmen	ihr würdet glimmen
sie werden glimmen	sie würden glimmen

PERFECT INDICATIVE	PLUPERFECT SUBJUNCTIVE
ich habe geglommen	ich hätte geglommen
du hast geglommen	du hättest geglommen
er hat geglommen	er hätte geglommen
wir haben geglommen	wir hätten geglommen
ihr habt geglommen	ihr hättet geglommen
sie haben geglommen	sie hätten geglommen

PRESENT PARTICIPLE	PAST PARTICIPLE
glimmend	geglommen

IMPERATIVE

glimm(e)! glimmen wir! glimmt! glimmen Sie!

graben to dig

[strong, *takes* haben]

PRESENT INDICATIVE

ich grabe
du gräbst
er gräbt
wir graben
ihr grabt
sie graben

PRESENT SUBJUNCTIVE

ich grabe
du grabest
er grabe
wir graben
ihr grabet
sie graben

IMPERFECT INDICATIVE

ich grub
du grubst
er grub
wir gruben
ihr grubt
sie gruben

IMPERFECT SUBJUNCTIVE

ich grübe
du grübest
er grübe
wir grüben
ihr grübet
sie grüben

FUTURE INDICATIVE

ich werde graben
du wirst graben
er wird graben
wir werden graben
ihr werdet graben
sie werden graben

CONDITIONAL

ich würde graben
du würdest graben
er würde graben
wir würden graben
ihr würdet graben
sie würden graben

PERFECT INDICATIVE

ich habe gegraben
du hast gegraben
er hat gegraben
wir haben gegraben
ihr habt gegraben
sie haben gegraben

PLUPERFECT SUBJUNCTIVE

ich hätte gegraben
du hättest gegraben
er hätte gegraben
wir hätten gegraben
ihr hättet gegraben
sie hätten gegraben

PRESENT PARTICIPLE

grabend

PAST PARTICIPLE

gegraben

IMPERATIVE

grab(e)! graben wir! grabt! graben Sie!

65 greifen to take hold of, seize
···· [strong, *takes* **haben**] ···

PRESENT INDICATIVE

ich greife
du greifst
er greift
wir greifen
ihr greift
sie greifen

PRESENT SUBJUNCTIVE

ich greife
du greifest
er greife
wir greifen
ihr greifet
sie greifen

IMPERFECT INDICATIVE

ich **griff**
du **griffst**
er **griff**
wir **griffen**
ihr **grifft**
sie **griffen**

IMPERFECT SUBJUNCTIVE

ich **griffe**
du **griffest**
er **griffe**
wir **griffen**
ihr **griffet**
sie **griffen**

FUTURE INDICATIVE

ich werde greifen
du wirst greifen
er wird greifen
wir werden greifen
ihr werdet greifen
sie werden greifen

CONDITIONAL

ich würde greifen
du würdest greifen
er würde greifen
wir würden greifen
ihr würdet greifen
sie würden greifen

PERFECT INDICATIVE

ich habe **gegriffen**
du hast **gegriffen**
er hat **gegriffen**
wir haben **gegriffen**
ihr habt **gegriffen**
sie haben **gegriffen**

PLUPERFECT SUBJUNCTIVE

ich hätte **gegriffen**
du hättest **gegriffen**
er hätte **gegriffen**
wir hätten **gegriffen**
ihr hättet **gegriffen**
sie hätten **gegriffen**

PRESENT PARTICIPLE

greifend

PAST PARTICIPLE

gegriffen

IMPERATIVE

greif(e)! greif**en** wir! greift! greif**en** Sie!

grüßen to greet 66
[weak, *takes* haben]

PRESENT INDICATIVE	PRESENT SUBJUNCTIVE
ich grüße	ich grüße
du grüßt	du grüßest
er grüßt	er grüße
wir grüßen	wir grüßen
ihr grüßt	ihr grüßet
sie grüßen	sie grüßen

IMPERFECT INDICATIVE	IMPERFECT SUBJUNCTIVE
ich grüßte	ich grüßte
du grüßtest	du grüßtest
er grüßte	er grüßte
wir grüßten	wir grüßten
ihr grüßtet	ihr grüßtet
sie grüßten	sie grüßten

FUTURE INDICATIVE	CONDITIONAL
ich werde grüßen	ich würde grüßen
du wirst grüßen	du würdest grüßen
er wird grüßen	er würde grüßen
wir werden grüßen	wir würden grüßen
ihr werdet grüßen	ihr würdet grüßen
sie werden grüßen	sie würden grüßen

PERFECT INDICATIVE	PLUPERFECT SUBJUNCTIVE
ich habe gegrüßt	ich hätte gegrüßt
du hast gegrüßt	du hättest gegrüßt
er hat gegrüßt	er hätte gegrüßt
wir haben gegrüßt	wir hätten gegrüßt
ihr habt gegrüßt	ihr hättet gegrüßt
sie haben gegrüßt	sie hätten gegrüßt

PRESENT PARTICIPLE	PAST PARTICIPLE
grüßend	gegrüßt

IMPERATIVE

grüß(e)! grüßen wir! grüßt! grüßen Sie!

67 · haben to have

····· [strong, *takes* haben] ·····

PRESENT INDICATIVE		PRESENT SUBJUNCTIVE
ich habe		ich habe
du hast		du habest
er hat		er habe
wir haben		wir haben
ihr habt		ihr habet
sie haben		sie haben

IMPERFECT INDICATIVE		IMPERFECT SUBJUNCTIVE
ich hatte		ich hätte
du hattest		du hättest
er hatte		er hätte
wir hatten		wir hätten
ihr hattet		ihr hättet
sie hatten		sie hätten

FUTURE INDICATIVE		CONDITIONAL
ich werde haben		ich würde haben
du wirst haben		du würdest haben
er wird haben		er würde haben
wir werden haben		wir würden haben
ihr werdet haben		ihr würdet haben
sie werden haben		sie würden haben

PERFECT INDICATIVE		PLUPERFECT SUBJUNCTIVE
ich habe gehabt		ich hätte gehabt
du hast gehabt		du hättest gehabt
er hat gehabt		er hätte gehabt
wir haben gehabt		wir hätten gehabt
ihr habt gehabt		ihr hättet gehabt
sie haben gehabt		sie hätten gehabt

PRESENT PARTICIPLE	PAST PARTICIPLE
habend	gehabt

IMPERATIVE
hab(e)! haben wir! habt! haben Sie!

halten to hold 68

.... [strong, *takes* haben] ·················

PRESENT INDICATIVE

ich halte
du hältst
er hält
wir halten
ihr haltet
sie halten

IMPERFECT INDICATIVE

ich hielt
du hielt(e)st
er hielt
wir hielten
ihr hieltet
sie hielten

FUTURE INDICATIVE

ich werde halten
du wirst halten
er wird halten
wir werden halten
ihr werdet halten
sie werden halten

PERFECT INDICATIVE

ich habe gehalten
du hast gehalten
er hat gehalten
wir haben gehalten
ihr habt gehalten
sie haben gehalten

PRESENT PARTICIPLE

haltend

PRESENT SUBJUNCTIVE

ich halte
du haltest
er halte
wir halten
ihr haltet
sie halten

IMPERFECT SUBJUNCTIVE

ich hielte
du hieltest
er hielte
wir hielten
ihr hieltet
sie hielten

CONDITIONAL

ich würde halten
du würdest halten
er würde halten
wir würden halten
ihr würdet halten
sie würden halten

PLUPERFECT SUBJUNCTIVE

ich hätte gehalten
du hättest gehalten
er hätte gehalten
wir hätten gehalten
ihr hättet gehalten
sie hätten gehalten

PAST PARTICIPLE

gehalten

IMPERATIVE

halt(e)! halten wir! haltet! halten Sie!

69 handeln to trade; to act

[weak, *takes* haben]

PRESENT INDICATIVE

ich handle
du handelst
er handelt
wir handeln
ihr handelt
sie handeln

IMPERFECT INDICATIVE

ich handelte
du handeltest
er handelte
wir handelten
ihr handeltet
sie handelten

FUTURE INDICATIVE

ich werde handeln
du wirst handeln
er wird handeln
wir werden handeln
ihr werdet handeln
sie werden handeln

PERFECT INDICATIVE

ich habe gehandelt
du hast gehandelt
er hat gehandelt
wir haben gehandelt
ihr habt gehandelt
sie haben gehandelt

PRESENT PARTICIPLE

handelnd

PRESENT SUBJUNCTIVE

ich handle
du handlest
er handle
wir handlen
ihr handlet
sie handlen

IMPERFECT SUBJUNCTIVE

ich handelte
du handeltest
er handelte
wir handelten
ihr handeltet
sie handelten

CONDITIONAL

ich würde handeln
du würdest handeln
er würde handeln
wir würden handeln
ihr würdet handeln
sie würden handeln

PLUPERFECT SUBJUNCTIVE

ich hätte gehandelt
du hättest gehandelt
er hätte gehandelt
wir hätten gehandelt
ihr hättet gehandelt
sie hätten gehandelt

PAST PARTICIPLE

gehandelt

IMPERATIVE

handle! handeln wir! handelt! handeln Sie!

hängen* to hang 70

[strong, *takes* **haben**]

PRESENT INDICATIVE

ich hänge
du hängst
er hängt
wir hängen
ihr hängt
sie hängen

PRESENT SUBJUNCTIVE

ich hänge
du hängest
er hänge
wir hängen
ihr hänget
sie hängen

IMPERFECT INDICATIVE

ich hing
du hingst
er hing
wir hingen
ihr hingt
sie hingen

IMPERFECT SUBJUNCTIVE

ich hinge
du hingest
er hinge
wir hingen
ihr hinget
sie hingen

FUTURE INDICATIVE

ich werde hängen
du wirst hängen
er wird hängen
wir werden hängen
ihr werdet hängen
sie werden hängen

CONDITIONAL

ich würde hängen
du würdest hängen
er würde hängen
wir würden hängen
ihr würdet hängen
sie würden hängen

PERFECT INDICATIVE

ich habe gehangen
du hast gehangen
er hat gehangen
wir haben gehangen
ihr habt gehangen
sie haben gehangen

PLUPERFECT SUBJUNCTIVE

ich hätte gehangen
du hättest gehangen
er hätte gehangen
wir hätten gehangen
ihr hättet gehangen
sie hätten gehangen

PRESENT PARTICIPLE

hängend

PAST PARTICIPLE

gehangen

IMPERATIVE

häng(e)! hängen wir! hängt! hängen Sie!
*Conjugated as a weak verb when transitive.

71 hauen* to hew

···· [strong, *takes* **haben**] ····················

PRESENT INDICATIVE

ich haue
du haust
er haut
wir hauen
ihr haut
sie hauen

PRESENT SUBJUNCTIVE

ich haue
du hauest
er haue
wir hauen
ihr hauet
sie hauen

IMPERFECT INDICATIVE

ich hieb
du hiebst
er hieb
wir hieben
ihr hiebt
sie hieben

IMPERFECT SUBJUNCTIVE

ich hiebe
du hiebest
er hiebe
wir hieben
ihr hiebet
sie hieben

FUTURE INDICATIVE

ich werde hauen
du wirst hauen
er wird hauen
wir werden hauen
ihr werdet hauen
sie werden hauen

CONDITIONAL

ich würde hauen
du würdest hauen
er würde hauen
wir würden hauen
ihr würdet hauen
sie würden hauen

PERFECT INDICATIVE

ich habe gehauen
du hast gehauen
er hat gehauen
wir haben gehauen
ihr habt gehauen
sie haben gehauen

PLUPERFECT SUBJUNCTIVE

ich hätte gehauen
du hättest gehauen
er hätte gehauen
wir hätten gehauen
ihr hättet gehauen
sie hätten gehauen

PRESENT PARTICIPLE

hauend

PAST PARTICIPLE

gehauen

IMPERATIVE

hau(e)! hauen wir! haut! hauen Sie!
*Can also be conjugated as a weak verb, see pp 5 ff.

heben to lift

[strong, *takes* haben]

PRESENT INDICATIVE	PRESENT SUBJUNCTIVE
ich hebe	ich hebe
du hebst	du hebest
er hebt	er hebe
wir heben	wir heben
ihr hebt	ihr hebet
sie heben	sie heben

IMPERFECT INDICATIVE	IMPERFECT SUBJUNCTIVE
ich hob	ich höbe
du hobst	du höbest
er hob	er höbe
wir hoben	wir höben
ihr hobt	ihr höbet
sie hoben	sie höben

FUTURE INDICATIVE	CONDITIONAL
ich werde heben	ich würde heben
du wirst heben	du würdest heben
er wird heben	er würde heben
wir werden heben	wir würden heben
ihr werdet heben	ihr würdet heben
sie werden heben	sie würden heben

PERFECT INDICATIVE	PLUPERFECT SUBJUNCTIVE
ich habe gehoben	ich hätte gehoben
du hast gehoben	du hättest gehoben
er hat gehoben	er hätte gehoben
wir haben gehoben	wir hätten gehoben
ihr habt gehoben	ihr hättet gehoben
sie haben gehoben	sie hätten gehoben

PRESENT PARTICIPLE	PAST PARTICIPLE
hebend	gehoben

IMPERATIVE
heb(e)! heben wir! hebt! heben Sie!

73 heißen to be called

···· [strong, *takes* haben] ···

PRESENT INDICATIVE		PRESENT SUBJUNCTIVE	
ich	heiße	ich	heiße
du	heißt	du	heißest
er	heißt	er	heiße
wir	heißen	wir	heißen
ihr	heißt	ihr	heißet
sie	heißen	sie	heißen

IMPERFECT INDICATIVE		IMPERFECT SUBJUNCTIVE	
ich	hieß	ich	hieße
du	hießest	du	hießest
er	hieß	er	hieße
wir	hießen	wir	hießen
ihr	hießt	ihr	hießet
sie	hießen	sie	hießen

FUTURE INDICATIVE		CONDITIONAL	
ich	werde heißen	ich	würde heißen
du	wirst heißen	du	würdest heißen
er	wird heißen	er	würde heißen
wir	werden heißen	wir	würden heißen
ihr	werdet heißen	ihr	würdet heißen
sie	werden heißen	sie	würden heißen

PERFECT INDICATIVE		PLUPERFECT SUBJUNCTIVE	
ich	habe geheißen	ich	hätte geheißen
du	hast geheißen	du	hättest geheißen
er	hat geheißen	er	hätte geheißen
wir	haben geheißen	wir	hätten geheißen
ihr	habt geheißen	ihr	hättet geheißen
sie	haben geheißen	sie	hätten geheißen

PRESENT PARTICIPLE	PAST PARTICIPLE
heißend	geheißen

IMPERATIVE
heiß(e)! heißen wir! heißt! heißen Sie!

heizen to heat 74
[weak, *takes* **haben**]

PRESENT INDICATIVE

ich heize
du heizt
er heizt
wir heizen
ihr heizt
sie heizen

IMPERFECT INDICATIVE

ich heizte
du heiztest
er heizte
wir heizten
ihr heiztet
sie heizten

FUTURE INDICATIVE

ich werde heizen
du wirst heizen
er wird heizen
wir werden heizen
ihr werdet heizen
sie werden heizen

PERFECT INDICATIVE

ich habe geheizt
du hast geheizt
er hat geheizt
wir haben geheizt
ihr habt geheizt
sie haben geheizt

PRESENT PARTICIPLE

heizend

PRESENT SUBJUNCTIVE

ich heize
du heizest
er heize
wir heizen
ihr heizet
sie heizen

IMPERFECT SUBJUNCTIVE

ich heizte
du heiztest
er heizte
wir heizten
ihr heiztet
sie heizten

CONDITIONAL

ich würde heizen
du würdest heizen
er würde heizen
wir würden heizen
ihr würdet heizen
sie würden heizen

PLUPERFECT SUBJUNCTIVE

ich hätte geheizt
du hättest geheizt
er hätte geheizt
wir hätten geheizt
ihr hättet geheizt
sie hätten geheizt

PAST PARTICIPLE

geheizt

IMPERATIVE

heiz(e)! heizen wir! heizt! heizen Sie!

helfen to help

···· [strong, + dative, *takes* haben] ····························

PRESENT INDICATIVE	
ich	helfe
du	hilfst
er	hilft
wir	helfen
ihr	helft
sie	helfen

PRESENT SUBJUNCTIVE	
ich	helfe
du	helfest
er	helfe
wir	helfen
ihr	helfet
sie	helfen

IMPERFECT INDICATIVE	
ich	half
du	halfst
er	half
wir	halfen
ihr	halft
sie	halfen

IMPERFECT SUBJUNCTIVE	
ich	hülfe
du	hülfest
er	hülfe
wir	hülfen
ihr	hülfet
sie	hülfen

FUTURE INDICATIVE	
ich	werde helfen
du	wirst helfen
er	wird helfen
wir	werden helfen
ihr	werdet helfen
sie	werden helfen

CONDITIONAL	
ich	würde helfen
du	würdest helfen
er	würde helfen
wir	würden helfen
ihr	würdet helfen
sie	würden helfen

PERFECT INDICATIVE	
ich	habe geholfen
du	hast geholfen
er	hat geholfen
wir	haben geholfen
ihr	habt geholfen
sie	haben geholfen

PLUPERFECT SUBJUNCTIVE	
ich	hätte geholfen
du	hättest geholfen
er	hätte geholfen
wir	hätten geholfen
ihr	hättet geholfen
sie	hätten geholfen

PRESENT PARTICIPLE
helfend

PAST PARTICIPLE
geholfen

IMPERATIVE
hilf! helfen wir! helft! helfen Sie!

holen to fetch 76

························ [weak, *takes* haben] ························

PRESENT INDICATIVE	PRESENT SUBJUNCTIVE
ich hole	ich hole
du holst	du holest
er holt	er hole
wir holen	wir holen
ihr holt	ihr holet
sie holen	sie holen

IMPERFECT INDICATIVE	IMPERFECT SUBJUNCTIVE
ich holte	ich holte
du holtest	du holtest
er holte	er holte
wir holten	wir holten
ihr holtet	ihr holtet
sie holten	sie holten

FUTURE INDICATIVE	CONDITIONAL
ich werde holen	ich würde holen
du wirst holen	du würdest holen
er wird holen	er würde holen
wir werden holen	wir würden holen
ihr werdet holen	ihr würdet holen
sie werden holen	sie würden holen

PERFECT INDICATIVE	PLUPERFECT SUBJUNCTIVE
ich habe geholt	ich hätte geholt
du hast geholt	du hättest geholt
er hat geholt	er hätte geholt
wir haben geholt	wir hätten geholt
ihr habt geholt	ihr hättet geholt
sie haben geholt	sie hätten geholt

PRESENT PARTICIPLE	PAST PARTICIPLE
holend	geholt

IMPERATIVE
hol(e)! holen wir! holt! holen Sie!

77 kennen to know (be acquainted with)
····· [mixed, *takes* haben] ·······································

PRESENT INDICATIVE
ich kenne
du kennst
er kennt
wir kennen
ihr kennt
sie kennen

PRESENT SUBJUNCTIVE
ich kenne
du kennest
er kenne
wir kennen
ihr kennet
sie kennen

IMPERFECT INDICATIVE
ich kannte
du kanntest
er kannte
wir kannten
ihr kanntet
sie kannten

IMPERFECT SUBJUNCTIVE
ich kennte
du kenntest
er kennte
wir kennten
ihr kenntet
sie kennten

FUTURE INDICATIVE
ich werde kennen
du wirst kennen
er wird kennen
wir werden kennen
ihr werdet kennen
sie werden kennen

CONDITIONAL
ich würde kennen
du würdest kennen
er würde kennen
wir würden kennen
ihr würdet kennen
sie würden kennen

PERFECT INDICATIVE
ich habe gekannt
du hast gekannt
er hat gekannt
wir haben gekannt
ihr habt gekannt
sie haben gekannt

PLUPERFECT SUBJUNCTIVE
ich hätte gekannt
du hättest gekannt
er hätte gekannt
wir hätten gekannt
ihr hättet gekannt
sie hätten gekannt

PRESENT PARTICIPLE
kennend

PAST PARTICIPLE
gekannt

IMPERATIVE
kenn(e)! kennen wir! kennt! kennen Sie!

klimmen* to climb

[strong, *takes* **sein**]

PRESENT INDICATIVE	PRESENT SUBJUNCTIVE
ich klimme	ich klimme
du klimmst	du klimmest
er klimmt	er klimme
wir klimmen	wir klimmen
ihr klimmt	ihr klimmet
sie klimmen	sie klimmen

IMPERFECT INDICATIVE	IMPERFECT SUBJUNCTIVE
ich klomm	ich klömme
du klommst	du klömmest
er klomm	er klömme
wir klommen	wir klömmen
ihr klommt	ihr klömmet
sie klommen	sie klömmen

FUTURE INDICATIVE	CONDITIONAL
ich werde klimmen	ich würde klimmen
du wirst klimmen	du würdest klimmen
er wird klimmen	er würde klimmen
wir werden klimmen	wir würden klimmen
ihr werdet klimmen	ihr würdet klimmen
sie werden klimmen	sie würden klimmen

PERFECT INDICATIVE	PLUPERFECT SUBJUNCTIVE
ich bin **geklommen**	ich wäre **geklommen**
du bist **geklommen**	du wär(e)st **geklommen**
er ist **geklommen**	er wäre **geklommen**
wir sind **geklommen**	wir wären **geklommen**
ihr seid **geklommen**	ihr wär(e)t **geklommen**
sie sind **geklommen**	sie wären **geklommen**

PRESENT PARTICIPLE	PAST PARTICIPLE
klimme**nd**	**geklommen**

IMPERATIVE
klimm(e)! klimmen wir! klimmt! klimmen Sie!

*Can also be conjugated as a weak verb, see pp 5 ff.

101

klingen to sound

····· [strong, *takes* haben] ·····

PRESENT INDICATIVE
ich klinge
du klingst
er klingt
wir klingen
ihr klingt
sie klingen

PRESENT SUBJUNCTIVE
ich klinge
du klingest
er klinge
wir klingen
ihr klinget
sie klingen

IMPERFECT INDICATIVE
ich klang
du klangst
er klang
wir klangen
ihr klangt
sie klangen

IMPERFECT SUBJUNCTIVE
ich klänge
du klängest
er klänge
wir klängen
ihr klänget
sie klängen

FUTURE INDICATIVE
ich werde klingen
du wirst klingen
er wird klingen
wir werden klingen
ihr werdet klingen
sie werden klingen

CONDITIONAL
ich würde klingen
du würdest klingen
er würde klingen
wir würden klingen
ihr würdet klingen
sie würden klingen

PERFECT INDICATIVE
ich habe geklungen
du hast geklungen
er hat geklungen
wir haben geklungen
ihr habt geklungen
sie haben geklungen

PLUPERFECT SUBJUNCTIVE
ich hätte geklungen
du hättest geklungen
er hätte geklungen
wir hätten geklungen
ihr hättet geklungen
sie hätten geklungen

PRESENT PARTICIPLE
klingend

PAST PARTICIPLE
geklungen

IMPERATIVE
kling(e)! klingen wir! klingt! klingen Sie!

.... [strong, *takes* haben] ....

PRESENT INDICATIVE	PRESENT SUBJUNCTIVE
ich kneife	ich kneife
du kneifst	du kneifest
er kneift	er kneife
wir kneifen	wir kneifen
ihr kneift	ihr kneifet
sie kneifen	sie kneifen

IMPERFECT INDICATIVE	IMPERFECT SUBJUNCTIVE
ich kniff	ich kniffe
du kniffst	du kniffest
er kniff	er kniffe
wir kniffen	wir kniffen
ihr knifft	ihr kniffet
sie kniffen	sie kniffen

FUTURE INDICATIVE	CONDITIONAL
ich werde kneifen	ich würde kneifen
du wirst kneifen	du würdest kneifen
er wird kneifen	er würde kneifen
wir werden kneifen	wir würden kneifen
ihr werdet kneifen	ihr würdet kneifen
sie werden kneifen	sie würden kneifen

PERFECT INDICATIVE	PLUPERFECT SUBJUNCTIVE
ich habe gekniffen	ich hätte gekniffen
du hast gekniffen	du hättest gekniffen
er hat gekniffen	er hätte gekniffen
wir haben gekniffen	wir hätten gekniffen
ihr habt gekniffen	ihr hättet gekniffen
sie haben gekniffen	sie hätten gekniffen

PRESENT PARTICIPLE	PAST PARTICIPLE
kneifend	gekniffen

IMPERATIVE
kneif(e)! kneifen wir! kneift! kneifen Sie!

81   kommen to come

..... [strong, *takes* sein] ....

PRESENT INDICATIVE	PRESENT SUBJUNCTIVE
ich komme	ich komme
du kommst	du kommest
er kommt	er komme
wir kommen	wir kommen
ihr kommt	ihr kommet
sie kommen	sie kommen

IMPERFECT INDICATIVE	IMPERFECT SUBJUNCTIVE
ich kam	ich käme
du kamst	du kämest
er kam	er käme
wir kamen	wir kämen
ihr kamt	ihr kämet
sie kamen	sie kämen

FUTURE INDICATIVE	CONDITIONAL
ich werde kommen	ich würde kommen
du wirst kommen	du würdest kommen
er wird kommen	er würde kommen
wir werden kommen	wir würden kommen
ihr werdet kommen	ihr würdet kommen
sie werden kommen	sie würden kommen

PERFECT INDICATIVE	PLUPERFECT SUBJUNCTIVE
ich bin **gekommen**	ich wäre **gekommen**
du bist **gekommen**	du wär(e)st **gekommen**
er ist **gekommen**	er wäre **gekommen**
wir sind **gekommen**	wir wären **gekommen**
ihr seid **gekommen**	ihr wär(e)t **gekommen**
sie sind **gekommen**	sie wären **gekommen**

PRESENT PARTICIPLE	PAST PARTICIPLE
kommend	**gekommen**

IMPERATIVE
komm(e)! kommen **wir**! kommt! kommen **Sie**!

können to be able to

[modal, *takes* **haben**]

PRESENT INDICATIVE	PRESENT SUBJUNCTIVE
ich **kann**	ich könne
du **kannst**	du könnest
er **kann**	er könne
wir **können**	wir können
ihr **könnt**	ihr könnet
sie **können**	sie können

IMPERFECT INDICATIVE	IMPERFECT SUBJUNCTIVE
ich **konnte**	ich könnte
du **konntest**	du könntest
er **konnte**	er könnte
wir **konnten**	wir könnten
ihr **konntet**	ihr könntet
sie **konnten**	sie könnten

FUTURE INDICATIVE	CONDITIONAL
ich werde können	ich würde können
du wirst können	du würdest können
er wird können	er würde können
wir werden können	wir würden können
ihr werdet können	ihr würdet können
sie werden können	sie würden können

PERFECT INDICATIVE	PLUPERFECT SUBJUNCTIVE
ich habe **gekonnt/können**	ich hätte **gekonnt/können**
du hast **gekonnt/können**	du hättest **gekonnt/können**
er hat **gekonnt/können**	er hätte **gekonnt/können**
wir haben **gekonnt/können**	wir hätten **gekonnt/können**
ihr habt **gekonnt/können**	ihr hättet **gekonnt/können**
sie haben **gekonnt/können**	sie hätten **gekonnt/können**

PRESENT PARTICIPLE	PAST PARTICIPLE
können**d**	**gekonnt/können***

**The second form is used when combined with an infinitive construction.*

83 · kriechen to crawl

.... [strong, *takes* sein] ....

PRESENT INDICATIVE		PRESENT SUBJUNCTIVE

PRESENT INDICATIVE	PRESENT SUBJUNCTIVE
ich krieche	ich krieche
du kriechst	du kriechest
er kriecht	er krieche
wir kriechen	wir kriechen
ihr kriecht	ihr kriechet
sie kriechen	sie kriechen

IMPERFECT INDICATIVE	IMPERFECT SUBJUNCTIVE
ich kroch	ich kröche
du krochst	du kröchest
er kroch	er kröche
wir krochen	wir kröchen
ihr krocht	ihr kröchet
sie krochen	sie kröchen

FUTURE INDICATIVE	CONDITIONAL
ich werde kriechen	ich würde kriechen
du wirst kriechen	du würdest kriechen
er wird kriechen	er würde kriechen
wir werden kriechen	wir würden kriechen
ihr werdet kriechen	ihr würdet kriechen
sie werden kriechen	sie würden kriechen

PERFECT INDICATIVE	PLUPERFECT SUBJUNCTIVE
ich bin gekrochen	ich wäre gekrochen
du bist gekrochen	du wär(e)st gekrochen
er ist gekrochen	er wäre gekrochen
wir sind gekrochen	wir wären gekrochen
ihr seid gekrochen	ihr wär(e)t gekrochen
sie sind gekrochen	sie wären gekrochen

PRESENT PARTICIPLE	PAST PARTICIPLE
kriechend	gekrochen

IMPERATIVE
kriech(e)! kriechen wir! kriecht! kriechen Sie!

laden to load; to invite
[strong, *takes* haben]

PRESENT INDICATIVE
ich lade
du lädst
er lädt
wir laden
ihr ladet
sie laden

PRESENT SUBJUNCTIVE
ich lade
du ladest
er lade
wir laden
ihr ladet
sie laden

IMPERFECT INDICATIVE
ich lud
du lud(e)st
er lud
wir luden
ihr ludet
sie luden

IMPERFECT SUBJUNCTIVE
ich lüde
du lüdest
er lüde
wir lüden
ihr lüdet
sie lüden

FUTURE INDICATIVE
ich werde laden
du wirst laden
er wird laden
wir werden laden
ihr werdet laden
sie werden laden

CONDITIONAL
ich würde laden
du würdest laden
er würde laden
wir würden laden
ihr würdet laden
sie würden laden

PERFECT INDICATIVE
ich habe geladen
du hast geladen
er hat geladen
wir haben geladen
ihr habt geladen
sie haben geladen

PLUPERFECT SUBJUNCTIVE
ich hätte geladen
du hättest geladen
er hätte geladen
wir hätten geladen
ihr hättet geladen
sie hätten geladen

PRESENT PARTICIPLE
ladend

PAST PARTICIPLE
geladen

IMPERATIVE
lad(e)! laden wir! ladet! laden Sie!

lassen to leave; to allow

···· [strong, *takes* haben] ··

PRESENT INDICATIVE		PRESENT SUBJUNCTIVE	
ich	lasse	ich	lasse
du	lässt	du	lassest
er	lässt	er	lasse
wir	lassen	wir	lassen
ihr	lasst	ihr	lasset
sie	lassen	sie	lassen

IMPERFECT INDICATIVE		IMPERFECT SUBJUNCTIVE	
ich	ließ	ich	ließe
du	ließest	du	ließest
er	ließ	er	ließe
wir	ließen	wir	ließen
ihr	ließt	ihr	ließet
sie	ließen	sie	ließen

FUTURE INDICATIVE		CONDITIONAL	
ich	werde lassen	ich	würde lassen
du	wirst lassen	du	würdest lassen
er	wird lassen	er	würde lassen
wir	werden lassen	wir	würden lassen
ihr	werdet lassen	ihr	würdet lassen
sie	werden lassen	sie	würden lassen

PERFECT INDICATIVE		PLUPERFECT SUBJUNCTIVE	
ich	habe gelassen	ich	hätte gelassen
du	hast gelassen	du	hättest gelassen
er	hat gelassen	er	hätte gelassen
wir	haben gelassen	wir	hätten gelassen
ihr	habt gelassen	ihr	hättet gelassen
sie	haben gelassen	sie	hätten gelassen

PRESENT PARTICIPLE	PAST PARTICIPLE
lassend	gelassen/lassen*

IMPERATIVE
lass! lassen wir! lasst! lassen Sie!

The second form is used when combined with an infinitive construction.

laufen to run

[strong, *takes* **sein**]

PRESENT INDICATIVE

ich laufe
du läufst
er läuft
wir laufen
ihr lauft
sie laufen

PRESENT SUBJUNCTIVE

ich laufe
du laufest
er laufe
wir laufen
ihr laufet
sie laufen

IMPERFECT INDICATIVE

ich lief
du liefst
er lief
wir liefen
ihr lieft
sie liefen

IMPERFECT SUBJUNCTIVE

ich liefe
du liefest
er liefe
wir liefen
ihr liefet
sie liefen

FUTURE INDICATIVE

ich werde laufen
du wirst laufen
er wird laufen
wir werden laufen
ihr werdet laufen
sie werden laufen

CONDITIONAL

ich würde laufen
du würdest laufen
er würde laufen
wir würden laufen
ihr würdet laufen
sie würden laufen

PERFECT INDICATIVE

ich bin **gelaufen**
du bist **gelaufen**
er ist **gelaufen**
wir sind **gelaufen**
ihr seid **gelaufen**
sie sind **gelaufen**

PLUPERFECT SUBJUNCTIVE

ich wäre **gelaufen**
du wär(e)st **gelaufen**
er wäre **gelaufen**
wir wären **gelaufen**
ihr wär(e)t **gelaufen**
sie wären **gelaufen**

PRESENT PARTICIPLE

laufend

PAST PARTICIPLE

gelaufen

IMPERATIVE

lauf(e)! laufen wir! lauft! laufen Sie!

leiden to suffer

····· [strong, *takes* haben] ·····

PRESENT INDICATIVE
ich leide
du leidest
er leidet
wir leiden
ihr leidet
sie leiden

PRESENT SUBJUNCTIVE
ich leide
du leidest
er leide
wir leiden
ihr leidet
sie leiden

IMPERFECT INDICATIVE
ich litt
du litt(e)st
er litt
wir litten
ihr littet
sie litten

IMPERFECT SUBJUNCTIVE
ich litte
du littest
er litte
wir litten
ihr littet
sie litten

FUTURE INDICATIVE
ich werde leiden
du wirst leiden
er wird leiden
wir werden leiden
ihr werdet leiden
sie werden leiden

CONDITIONAL
ich würde leiden
du würdest leiden
er würde leiden
wir würden leiden
ihr würdet leiden
sie würden leiden

PERFECT INDICATIVE
ich habe gelitten
du hast gelitten
er hat gelitten
wir haben gelitten
ihr habt gelitten
sie haben gelitten

PLUPERFECT SUBJUNCTIVE
ich hätte gelitten
du hättest gelitten
er hätte gelitten
wir hätten gelitten
ihr hättet gelitten
sie hätten gelitten

PRESENT PARTICIPLE
leidend

PAST PARTICIPLE
gelitten

IMPERATIVE
leid(e)! leiden wir! leidet! leiden Sie!

leihen to lend

.... [strong, *takes* haben] ....

PRESENT INDICATIVE	PRESENT SUBJUNCTIVE
ich leihe	ich leihe
du leihst	du leihest
er leiht	er leihe
wir leihen	wir leihen
ihr leiht	ihr leihet
sie leihen	sie leihen

IMPERFECT INDICATIVE	IMPERFECT SUBJUNCTIVE
ich lieh	ich liehe
du liehst	du liehest
er lieh	er liehe
wir liehen	wir liehen
ihr lieht	ihr liehet
sie liehen	sie liehen

FUTURE INDICATIVE	CONDITIONAL
ich werde leihen	ich würde leihen
du wirst leihen	du würdest leihen
er wird leihen	er würde leihen
wir werden leihen	wir würden leihen
ihr werdet leihen	ihr würdet leihen
sie werden leihen	sie würden leihen

PERFECT INDICATIVE	PLUPERFECT SUBJUNCTIVE
ich habe geliehen	ich hätte geliehen
du hast geliehen	du hättest geliehen
er hat geliehen	er hätte geliehen
wir haben geliehen	wir hätten geliehen
ihr habt geliehen	ihr hättet geliehen
sie haben geliehen	sie hätten geliehen

PRESENT PARTICIPLE	PAST PARTICIPLE
leihend	geliehen

IMPERATIVE
leih(e)! leihen wir! leiht! leihen Sie!

lesen to read
[strong, *takes* haben]

PRESENT INDICATIVE

ich lese
du liest
er liest
wir lesen
ihr lest
sie lesen

PRESENT SUBJUNCTIVE

ich lese
du lesest
er lese
wir lesen
ihr leset
sie lesen

IMPERFECT INDICATIVE

ich las
du lasest
er las
wir lasen
ihr last
sie lasen

IMPERFECT SUBJUNCTIVE

ich läse
du läsest
er läse
wir läsen
ihr läset
sie läsen

FUTURE INDICATIVE

ich werde lesen
du wirst lesen
er wird lesen
wir werden lesen
ihr werdet lesen
sie werden lesen

CONDITIONAL

ich würde lesen
du würdest lesen
er würde lesen
wir würden lesen
ihr würdet lesen
sie würden lesen

PERFECT INDICATIVE

ich habe **gelesen**
du hast **gelesen**
er hat **gelesen**
wir haben **gelesen**
ihr habt **gelesen**
sie haben **gelesen**

PLUPERFECT SUBJUNCTIVE

ich hätte **gelesen**
du hättest **gelesen**
er hätte **gelesen**
wir hätten **gelesen**
ihr hättet **gelesen**
sie hätten **gelesen**

PRESENT PARTICIPLE

lesend

PAST PARTICIPLE

gelesen

IMPERATIVE

lies! lesen wir! lest! lesen Sie!

liegen to lie
[strong, *takes* **haben**]

PRESENT INDICATIVE	PRESENT SUBJUNCTIVE
ich liege	ich liege
du liegst	du liegest
er liegt	er liege
wir liegen	wir liegen
ihr liegt	ihr lieget
sie liegen	sie liegen

IMPERFECT INDICATIVE	IMPERFECT SUBJUNCTIVE
ich lag	ich läge
du lagst	du lägest
er lag	er läge
wir lagen	wir lägen
ihr lagt	ihr läget
sie lagen	sie lägen

FUTURE INDICATIVE	CONDITIONAL
ich werde liegen	ich würde liegen
du wirst liegen	du würdest liegen
er wird liegen	er würde liegen
wir werden liegen	wir würden liegen
ihr werdet liegen	ihr würdet liegen
sie werden liegen	sie würden liegen

PERFECT INDICATIVE	PLUPERFECT SUBJUNCTIVE
ich habe **gelegen**	ich hätte **gelegen**
du hast **gelegen**	du hättest **gelegen**
er hat **gelegen**	er hätte **gelegen**
wir haben **gelegen**	wir hätten **gelegen**
ihr habt **gelegen**	ihr hättet **gelegen**
sie haben **gelegen**	sie hätten **gelegen**

PRESENT PARTICIPLE	PAST PARTICIPLE
liegen**d**	**gelegen**

IMPERATIVE
lieg(e)! liegen wir! liegt! liegen Sie!

91

lügen to (tell a) lie
[strong, *takes* haben]

PRESENT INDICATIVE	
ich	lüge
du	lügst
er	lügt
wir	lügen
ihr	lügt
sie	lügen

PRESENT SUBJUNCTIVE	
ich	lüge
du	lügest
er	lüge
wir	lügen
ihr	lüget
sie	lügen

IMPERFECT INDICATIVE	
ich	log
du	logst
er	log
wir	logen
ihr	logt
sie	logen

IMPERFECT SUBJUNCTIVE	
ich	löge
du	lögest
er	löge
wir	lögen
ihr	löget
sie	lögen

FUTURE INDICATIVE	
ich	werde lügen
du	wirst lügen
er	wird lügen
wir	werden lügen
ihr	werdet lügen
sie	werden lügen

CONDITIONAL	
ich	würde lügen
du	würdest lügen
er	würde lügen
wir	würden lügen
ihr	würdet lügen
sie	würden lügen

PERFECT INDICATIVE	
ich	habe **gelogen**
du	hast **gelogen**
er	hat **gelogen**
wir	haben **gelogen**
ihr	habt **gelogen**
sie	haben **gelogen**

PLUPERFECT SUBJUNCTIVE	
ich	hätte **gelogen**
du	hättest **gelogen**
er	hätte **gelogen**
wir	hätten **gelogen**
ihr	hättet **gelogen**
sie	hätten **gelogen**

PRESENT PARTICIPLE
lügen**d**

PAST PARTICIPLE
gelogen

IMPERATIVE
lüg(e)! lügen wir! lügt! lügen Sie!

mahlen to grind [92]

[strong*, takes **haben**]

PRESENT INDICATIVE

ich mahle
du mahlst
er mahlt
wir mahlen
ihr mahlt
sie mahlen

PRESENT SUBJUNCTIVE

ich mahle
du mahlest
er mahle
wir mahlen
ihr mahlet
sie mahlen

IMPERFECT INDICATIVE

ich mahlte
du mahltest
er mahlte
wir mahlten
ihr mahltet
sie mahlten

IMPERFECT SUBJUNCTIVE

ich mahlte
du mahltest
er mahlte
wir mahlten
ihr mahltet
sie mahlten

FUTURE INDICATIVE

ich werde mahlen
du wirst mahlen
er wird mahlen
wir werden mahlen
ihr werdet mahlen
sie werden mahlen

CONDITIONAL

ich würde mahlen
du würdest mahlen
er würde mahlen
wir würden mahlen
ihr würdet mahlen
sie würden mahlen

PERFECT INDICATIVE

ich habe **gemahlen**
du hast **gemahlen**
er hat **gemahlen**
wir haben **gemahlen**
ihr habt **gemahlen**
sie haben **gemahlen**

PLUPERFECT SUBJUNCTIVE

ich hätte **gemahlen**
du hättest **gemahlen**
er hätte **gemahlen**
wir hätten **gemahlen**
ihr hättet **gemahlen**
sie hätten **gemahlen**

PRESENT PARTICIPLE

mahlend

PAST PARTICIPLE

gemahlen

IMPERATIVE

mahl(e)! mahlen wir! mahlt! mahlen Sie!

*NB No vowel change in the imperfect tense or past participle.

115

93 | meiden to avoid
[strong, *takes* haben]

PRESENT INDICATIVE

ich meide
du meidest
er meidet
wir meiden
ihr meidet
sie meiden

IMPERFECT INDICATIVE

ich mied
du mied(e)st
er mied
wir mieden
ihr miedet
sie mieden

FUTURE INDICATIVE

ich werde meiden
du wirst meiden
er wird meiden
wir werden meiden
ihr werdet meiden
sie werden meiden

PERFECT INDICATIVE

ich habe **gemieden**
du hast **gemieden**
er hat **gemieden**
wir haben **gemieden**
ihr habt **gemieden**
sie haben **gemieden**

PRESENT SUBJUNCTIVE

ich meide
du meidest
er meide
wir meiden
ihr meidet
sie meiden

IMPERFECT SUBJUNCTIVE

ich miede
du miedest
er miede
wir mieden
ihr miedet
sie mieden

CONDITIONAL

ich würde meiden
du würdest meiden
er würde meiden
wir würden meiden
ihr würdet meiden
sie würden meiden

PLUPERFECT SUBJUNCTIVE

ich hätte **gemieden**
du hättest **gemieden**
er hätte **gemieden**
wir hätten **gemieden**
ihr hättet **gemieden**
sie hätten **gemieden**

PRESENT PARTICIPLE

meidend

PAST PARTICIPLE

gemieden

IMPERATIVE

meid(e)! meiden **wir**! meidet! meiden **Sie**!

messen to measure 94
······· [strong, *takes* **haben**] ·······

PRESENT INDICATIVE

ich messe
du misst
er misst
wir messen
ihr messt
sie messen

PRESENT SUBJUNCTIVE

ich messe
du messest
er messe
wir messen
ihr messet
sie messen

IMPERFECT INDICATIVE

ich maß
du maßest
er maß
wir maßen
ihr maßt
sie maßen

IMPERFECT SUBJUNCTIVE

ich mäße
du mäßest
er mäße
wir mäßen
ihr mäßet
sie mäßen

FUTURE INDICATIVE

ich werde messen
du wirst messen
er wird messen
wir werden messen
ihr werdet messen
sie werden messen

CONDITIONAL

ich würde messen
du würdest messen
er würde messen
wir würden messen
ihr würdet messen
sie würden messen

PERFECT INDICATIVE

ich habe **gemessen**
du hast **gemessen**
er hat **gemessen**
wir haben **gemessen**
ihr habt **gemessen**
sie haben **gemessen**

PLUPERFECT SUBJUNCTIVE

ich hätte **gemessen**
du hättest **gemessen**
er hätte **gemessen**
wir hätten **gemessen**
ihr hättet **gemessen**
sie hätten **gemessen**

PRESENT PARTICIPLE

messend

PAST PARTICIPLE

gemessen

IMPERATIVE

miss! messen wir! messt! messen Sie!

misstrauen to mistrust

···· [weak, inseparable, *takes* **haben**] ························

PRESENT INDICATIVE
ich misstraue
du misstraust
er misstraut
wir misstrauen
ihr misstraut
sie misstrauen

PRESENT SUBJUNCTIVE
ich misstraue
du misstrauest
er misstraue
wir misstrauen
ihr misstrauet
sie misstrauen

IMPERFECT INDICATIVE
ich misstraute
du misstrautest
er misstraute
wir misstrauten
ihr misstrautet
sie misstrauten

IMPERFECT SUBJUNCTIVE
ich misstraute
du misstrautest
er misstraute
wir misstrauten
ihr misstrautet
sie misstrauten

FUTURE INDICATIVE
ich werde misstrauen
du wirst misstrauen
er wird misstrauen
wir werden misstrauen
ihr werdet misstrauen
sie werden misstrauen

CONDITIONAL
ich würde misstrauen
du würdest misstrauen
er würde misstrauen
wir würden misstrauen
ihr würdet misstrauen
sie würden misstrauen

PERFECT INDICATIVE
ich habe misstraut
du hast misstraut
er hat misstraut
wir haben misstraut
ihr habt misstraut
sie haben misstraut

PLUPERFECT SUBJUNCTIVE
ich hätte misstraut
du hättest misstraut
er hätte misstraut
wir hätten misstraut
ihr hättet misstraut
sie hätten misstraut

PRESENT PARTICIPLE
misstrauend

PAST PARTICIPLE
misstraut

IMPERATIVE
misstrau(e)! misstrauen wir! misstraut! misstrauen Sie!

mögen to like
[modal, takes **haben**]

PRESENT INDICATIVE

ich **mag**
du **magst**
er **mag**
wir **mögen**
ihr **mögt**
sie **mögen**

PRESENT SUBJUNCTIVE

ich mög**e**
du mög**est**
er mög**e**
wir mög**en**
ihr mög**et**
sie mög**en**

IMPERFECT INDICATIVE

ich **mochte**
du **mochtest**
er **mochte**
wir **mochten**
ihr **mochtet**
sie **mochten**

IMPERFECT SUBJUNCTIVE

ich **möchte**
du **möchtest**
er **möchte**
wir **möchten**
ihr **möchtet**
sie **möchten**

FUTURE INDICATIVE

ich werde mögen
du wirst mögen
er wird mögen
wir werden mögen
ihr werdet mögen
sie werden mögen

CONDITIONAL

ich würde mögen
du würdest mögen
er würde mögen
wir würden mögen
ihr würdet mögen
sie würden mögen

PERFECT INDICATIVE

ich habe **gemocht/mögen**
du hast **gemocht/mögen**
er hat **gemocht/mögen**
wir haben **gemocht/mögen**
ihr habt **gemocht/mögen**
sie haben **gemocht/mögen**

PLUPERFECT SUBJUNCTIVE

ich hätte **gemocht/mögen**
du hättest **gemocht/mögen**
er hätte **gemocht/mögen**
wir hätten **gemocht/mögen**
ihr hättet **gemocht/mögen**
sie hätten **gemocht/mögen**

PRESENT PARTICIPLE

mögen**d**

PAST PARTICIPLE

gemocht/mögen*

---

*The second form is used when combined with an infinitive construction.

müssen to have to

[modal, *takes* haben]

PRESENT INDICATIVE	PRESENT SUBJUNCTIVE
ich **muss**	ich müsse
du **musst**	du müssest
er **muss**	er müsse
wir müssen	wir müssen
ihr müsst	ihr müsset
sie müssen	sie müssen

IMPERFECT INDICATIVE	IMPERFECT SUBJUNCTIVE
ich **musste**	ich müsste
du **musstest**	du müsstest
er **musste**	er müsste
wir **mussten**	wir müssten
ihr **musstet**	ihr müsstet
sie **mussten**	sie müssten

FUTURE INDICATIVE	CONDITIONAL
ich werde müssen	ich würde müssen
du wirst müssen	du würdest müssen
er wird müssen	er würde müssen
wir werden müssen	wir würden müssen
ihr werdet müssen	ihr würdet müssen
sie werden müssen	sie würden müssen

PERFECT INDICATIVE	PLUPERFECT SUBJUNCTIVE
ich habe **gemusst/müssen**	ich hätte **gemusst/müssen**
du hast **gemusst/müssen**	du hättest **gemusst/müssen**
er hat **gemusst/müssen**	er hätte **gemusst/müssen**
wir haben **gemusst/müssen**	wir hätten **gemusst/müssen**
ihr habt **gemusst/müssen**	ihr hättet **gemusst/müssen**
sie haben **gemusst/müssen**	sie hätten **gemusst/müssen**

PRESENT PARTICIPLE	PAST PARTICIPLE
müssen**d**	**gemusst/müssen***

* *The second form is used when combined with an infinitive construction.*

.... [strong, *takes* **haben**] ....

PRESENT INDICATIVE	PRESENT SUBJUNCTIVE
ich nehme	ich nehme
du nimmst	du nehmest
er nimmt	er nehme
wir nehmen	wir nehmen
ihr nehmt	ihr nehmet
sie nehmen	sie nehmen

IMPERFECT INDICATIVE	IMPERFECT SUBJUNCTIVE
ich nahm	ich nähme
du nahmst	du nähmest
er nahm	er nähme
wir nahmen	wir nähmen
ihr nahmt	ihr nähmet
sie nahmen	sie nähmen

FUTURE INDICATIVE	CONDITIONAL
ich werde nehmen	ich würde nehmen
du wirst nehmen	du würdest nehmen
er wird nehmen	er würde nehmen
wir werden nehmen	wir würden nehmen
ihr werdet nehmen	ihr würdet nehmen
sie werden nehmen	sie würden nehmen

PERFECT INDICATIVE	PLUPERFECT SUBJUNCTIVE
ich habe **genommen**	ich hätte **genommen**
du hast **genommen**	du hättest **genommen**
er hat **genommen**	er hätte **genommen**
wir haben **genommen**	wir hätten **genommen**
ihr habt **genommen**	ihr hättet **genommen**
sie haben **genommen**	sie hätten **genommen**

PRESENT PARTICIPLE	PAST PARTICIPLE
nehmen**d**	**genommen**

IMPERATIVE
nimm! nehmen wir! nehmt! nehmen Sie!

nennen to name

···· [mixed, *takes* haben] ·································

PRESENT INDICATIVE	PRESENT SUBJUNCTIVE
ich nenne	ich nenne
du nennst	du nennest
er nennt	er nenne
wir nennen	wir nennen
ihr nennt	ihr nennet
sie nennen	sie nennen

IMPERFECT INDICATIVE	IMPERFECT SUBJUNCTIVE
ich nannte	ich nennte
du nanntest	du nenntest
er nannte	er nennte
wir nannten	wir nennten
ihr nanntet	ihr nenntet
sie nannten	sie nennten

FUTURE INDICATIVE	CONDITIONAL
ich werde nennen	ich würde nennen
du wirst nennen	du würdest nennen
er wird nennen	er würde nennen
wir werden nennen	wir würden nennen
ihr werdet nennen	ihr würdet nennen
sie werden nennen	sie würden nennen

PERFECT INDICATIVE	PLUPERFECT SUBJUNCTIVE
ich habe **genannt**	ich hätte **genannt**
du hast **genannt**	du hättest **genannt**
er hat **genannt**	er hätte **genannt**
wir haben **genannt**	wir hätten **genannt**
ihr habt **genannt**	ihr hättet **genannt**
sie haben **genannt**	sie hätten **genannt**

PRESENT PARTICIPLE	PAST PARTICIPLE
nennend	**genannt**

IMPERATIVE
nenn(e)! nennen wir! nennt! nennen Sie!

pfeifen to whistle

[strong, *takes* haben]

PRESENT INDICATIVE

ich pfeife
du pfeifst
er pfeift
wir pfeifen
ihr pfeift
sie pfeifen

IMPERFECT INDICATIVE

ich pfiff
du pfiffst
er pfiff
wir pfiffen
ihr pfifft
sie pfiffen

FUTURE INDICATIVE

ich werde pfeifen
du wirst pfeifen
er wird pfeifen
wir werden pfeifen
ihr werdet pfeifen
sie werden pfeifen

PERFECT INDICATIVE

ich habe gepfiffen
du hast gepfiffen
er hat gepfiffen
wir haben gepfiffen
ihr habt gepfiffen
sie haben gepfiffen

PRESENT PARTICIPLE

pfeifend

PRESENT SUBJUNCTIVE

ich pfeife
du pfeifest
er pfeife
wir pfeifen
ihr pfeifet
sie pfeifen

IMPERFECT SUBJUNCTIVE

ich pfiffe
du pfiffest
er pfiffe
wir pfiffen
ihr pfiffet
sie pfiffen

CONDITIONAL

ich würde pfeifen
du würdest pfeifen
er würde pfeifen
wir würden pfeifen
ihr würdet pfeifen
sie würden pfeifen

PLUPERFECT SUBJUNCTIVE

ich hätte gepfiffen
du hättest gepfiffen
er hätte gepfiffen
wir hätten gepfiffen
ihr hättet gepfiffen
sie hätten gepfiffen

PAST PARTICIPLE

gepfiffen

IMPERATIVE

pfeif(e)! pfeifen wir! pfeift! pfeifen Sie!

preisen to praise

..... [strong, *takes* haben] ....

PRESENT INDICATIVE

ich preise
du preist
er preist
wir preisen
ihr preist
sie preisen

PRESENT SUBJUNCTIVE

ich preise
du preisest
er preise
wir preisen
ihr preiset
sie preisen

IMPERFECT INDICATIVE

ich pries
du priesest
er pries
wir priesen
ihr priest
sie priesen

IMPERFECT SUBJUNCTIVE

ich priese
du priesest
er priese
wir priesen
ihr prieset
sie priesen

FUTURE INDICATIVE

ich werde preisen
du wirst preisen
er wird preisen
wir werden preisen
ihr werdet preisen
sie werden preisen

CONDITIONAL

ich würde preisen
du würdest preisen
er würde preisen
wir würden preisen
ihr würdet preisen
sie würden preisen

PERFECT INDICATIVE

ich habe **gepriesen**
du hast **gepriesen**
er hat **gepriesen**
wir haben **gepriesen**
ihr habt **gepriesen**
sie haben **gepriesen**

PLUPERFECT SUBJUNCTIVE

ich hätte **gepriesen**
du hättest **gepriesen**
er hätte **gepriesen**
wir hätten **gepriesen**
ihr hättet **gepriesen**
sie hätten **gepriesen**

PRESENT PARTICIPLE

preisend

PAST PARTICIPLE

gepriesen

IMPERATIVE

preis(e)! preisen wir! preist! preisen Sie!

quellen to gush

[strong, *takes* **sein**]

PRESENT INDICATIVE	PRESENT SUBJUNCTIVE
ich quelle	ich quelle
du quillst	du quellest
er quillt	er quelle
wir quellen	wir quellen
ihr quellt	ihr quellet
sie quellen	sie quellen

IMPERFECT INDICATIVE	IMPERFECT SUBJUNCTIVE
ich quoll	ich quölle
du quollst	du quöllest
er quoll	er quölle
wir quollen	wir quöllen
ihr quollt	ihr quöllet
sie quollen	sie quöllen

FUTURE INDICATIVE	CONDITIONAL
ich werde quellen	ich würde quellen
du wirst quellen	du würdest quellen
er wird quellen	er würde quellen
wir werden quellen	wir würden quellen
ihr werdet quellen	ihr würdet quellen
sie werden quellen	sie würden quellen

PERFECT INDICATIVE	PLUPERFECT SUBJUNCTIVE
ich bin gequollen	ich wäre gequollen
du bist gequollen	du wär(e)st gequollen
er ist gequollen	er wäre gequollen
wir sind gequollen	wir wären gequollen
ihr seid gequollen	ihr wär(e)t gequollen
sie sind gequollen	sie wären gequollen

PRESENT PARTICIPLE	PAST PARTICIPLE
quellend	gequollen

IMPERATIVE
quill! quellen wir! quellt! quellen Sie!

rasen to race

···· [weak, *takes* sein] ···

PRESENT INDICATIVE		PRESENT SUBJUNCTIVE	
ich	rase	ich	rase
du	rast	du	rasest
er	rast	er	rase
wir	rasen	wir	rasen
ihr	rast	ihr	raset
sie	rasen	sie	rasen

IMPERFECT INDICATIVE		IMPERFECT SUBJUNCTIVE	
ich	raste	ich	raste
du	rastest	du	rastest
er	raste	er	raste
wir	rasten	wir	rasten
ihr	rastet	ihr	rastet
sie	rasten	sie	rasten

FUTURE INDICATIVE		CONDITIONAL	
ich	werde rasen	ich	würde rasen
du	wirst rasen	du	würdest rasen
er	wird rasen	er	würde rasen
wir	werden rasen	wir	würden rasen
ihr	werdet rasen	ihr	würdet rasen
sie	werden rasen	sie	würden rasen

PERFECT INDICATIVE		PLUPERFECT SUBJUNCTIVE	
ich	bin gerast	ich	wäre gerast
du	bist gerast	du	wär(e)st gerast
er	ist gerast	er	wäre gerast
wir	sind gerast	wir	wären gerast
ihr	seid gerast	ihr	wär(e)t gerast
sie	sind gerast	sie	wären gerast

PRESENT PARTICIPLE	PAST PARTICIPLE
rasend	gerast

IMPERATIVE
ras(e)! rasen wir! rast! rasen Sie!

raten to guess; to advise

[strong, *takes* **haben**]

PRESENT INDICATIVE	PRESENT SUBJUNCTIVE
ich rate	ich rate
du rätst	du ratest
er rät	er rate
wir raten	wir raten
ihr ratet	ihr ratet
sie raten	sie raten

IMPERFECT INDICATIVE	IMPERFECT SUBJUNCTIVE
ich riet	ich riete
du riet(e)st	du rietest
er riet	er riete
wir rieten	wir rieten
ihr rietet	ihr rietet
sie rieten	sie rieten

FUTURE INDICATIVE	CONDITIONAL
ich werde raten	ich würde raten
du wirst raten	du würdest raten
er wird raten	er würde raten
wir werden raten	wir würden raten
ihr werdet raten	ihr würdet raten
sie werden raten	sie würden raten

PERFECT INDICATIVE	PLUPERFECT SUBJUNCTIVE
ich habe **geraten**	ich hätte **geraten**
du hast **geraten**	du hättest **geraten**
er hat **geraten**	er hätte **geraten**
wir haben **geraten**	wir hätten **geraten**
ihr habt **geraten**	ihr hättet **geraten**
sie haben **geraten**	sie hätten **geraten**

PRESENT PARTICIPLE	PAST PARTICIPLE
rate**nd**	**geraten**

IMPERATIVE
rat(**e**)! raten wir! ratet! raten **Sie**!

105 rechnen to calculate

···· [weak, *takes* **haben**] ································

PRESENT INDICATIVE
ich rechne
du rechnest
er rechnet
wir rechnen
ihr rechnet
sie rechnen

PRESENT SUBJUNCTIVE
ich rechne
du rechnest
er rechne
wir rechnen
ihr rechnet
sie rechnen

IMPERFECT INDICATIVE
ich rechnete
du rechnetest
er rechnete
wir rechneten
ihr rechnetet
sie rechneten

IMPERFECT SUBJUNCTIVE
ich rechnete
du rechnetest
er rechnete
wir rechneten
ihr rechnetet
sie rechneten

FUTURE INDICATIVE
ich werde rechnen
du wirst rechnen
er wird rechnen
wir werden rechnen
ihr werdet rechnen
sie werden rechnen

CONDITIONAL
ich würde rechnen
du würdest rechnen
er würde rechnen
wir würden rechnen
ihr würdet rechnen
sie würden rechnen

PERFECT INDICATIVE
ich habe gerechnet
du hast gerechnet
er hat gerechnet
wir haben gerechnet
ihr habt gerechnet
sie haben gerechnet

PLUPERFECT SUBJUNCTIVE
ich hätte gerechnet
du hättest gerechnet
er hätte gerechnet
wir hätten gerechnet
ihr hättet gerechnet
sie hätten gerechnet

PRESENT PARTICIPLE
rechnend

PAST PARTICIPLE
gerechnet

IMPERATIVE
rechne! rechnen wir! rechnet! rechnen Sie!

reden to talk

[weak, *takes* haben]

PRESENT INDICATIVE	PRESENT SUBJUNCTIVE
ich rede	ich rede
du redest	du redest
er redet	er rede
wir reden	wir reden
ihr redet	ihr redet
sie reden	sie reden

IMPERFECT INDICATIVE	IMPERFECT SUBJUNCTIVE
ich redete	ich redete
du redetest	du redetest
er redete	er redete
wir redeten	wir redeten
ihr redetet	ihr redetet
sie redeten	sie redeten

FUTURE INDICATIVE	CONDITIONAL
ich werde reden	ich würde reden
du wirst reden	du würdest reden
er wird reden	er würde reden
wir werden reden	wir würden reden
ihr werdet reden	ihr würdet reden
sie werden reden	sie würden reden

PERFECT INDICATIVE	PLUPERFECT SUBJUNCTIVE
ich habe geredet	ich hätte geredet
du hast geredet	du hättest geredet
er hat geredet	er hätte geredet
wir haben geredet	wir hätten geredet
ihr habt geredet	ihr hättet geredet
sie haben geredet	sie hätten geredet

PRESENT PARTICIPLE	PAST PARTICIPLE
redend	geredet

IMPERATIVE
red(e)! reden wir! redet! reden Sie!

107 reiben to rub
[strong, *takes* haben]

PRESENT INDICATIVE		PRESENT SUBJUNCTIVE	

PRESENT INDICATIVE

ich reibe
du reibst
er reibt
wir reiben
ihr reibt
sie reiben

PRESENT SUBJUNCTIVE

ich reibe
du reibest
er reibe
wir reiben
ihr reibet
sie reiben

IMPERFECT INDICATIVE

ich rieb
du riebst
er rieb
wir rieben
ihr riebt
sie rieben

IMPERFECT SUBJUNCTIVE

ich riebe
du riebest
er riebe
wir rieben
ihr riebet
sie rieben

FUTURE INDICATIVE

ich werde reiben
du wirst reiben
er wird reiben
wir werden reiben
ihr werdet reiben
sie werden reiben

CONDITIONAL

ich würde reiben
du würdest reiben
er würde reiben
wir würden reiben
ihr würdet reiben
sie würden reiben

PERFECT INDICATIVE

ich habe gerieben
du hast gerieben
er hat gerieben
wir haben gerieben
ihr habt gerieben
sie haben gerieben

PLUPERFECT SUBJUNCTIVE

ich hätte gerieben
du hättest gerieben
er hätte gerieben
wir hätten gerieben
ihr hättet gerieben
sie hätten gerieben

PRESENT PARTICIPLE

reibend

PAST PARTICIPLE

gerieben

IMPERATIVE

reib(e)! reiben wir! reibt! reiben Sie!

····· *(transitive/intransitive)* [strong, *takes* **haben/sein**] ··

PRESENT INDICATIVE	PRESENT SUBJUNCTIVE
ich reiße	ich reiße
du reißt	du reißest
er reißt	er reiße
wir reißen	wir reißen
ihr reißt	ihr reißet
sie reißen	sie reißen

IMPERFECT INDICATIVE	IMPERFECT SUBJUNCTIVE
ich riss	ich risse
du rissest	du rissest
er riss	er risse
wir rissen	wir rissen
ihr risst	ihr risset
sie rissen	sie rissen

FUTURE INDICATIVE	CONDITIONAL
ich werde reißen	ich würde reißen
du wirst reißen	du würdest reißen
er wird reißen	er würde reißen
wir werden reißen	wir würden reißen
ihr werdet reißen	ihr würdet reißen
sie werden reißen	sie würden reißen

PERFECT INDICATIVE	PLUPERFECT SUBJUNCTIVE
ich habe **gerissen***	ich hätte **gerissen***
du hast **gerissen**	du hättest **gerissen**
er hat **gerissen**	er hätte **gerissen**
wir haben **gerissen**	wir hätten **gerissen**
ihr habt **gerissen**	ihr hättet **gerissen**
sie haben **gerissen**	sie hätten **gerissen**

PRESENT PARTICIPLE	PAST PARTICIPLE
reißend	**gerissen**

IMPERATIVE
reiß(e)! reißen wir! reißt! reißen Sie!

OR: **ich bin/wäre gerissen** *etc* (*when intransitive*).

109 reiten to ride
··· *(transitive/intransitive)* [strong, *takes* **haben/sein**] ··

PRESENT INDICATIVE	PRESENT SUBJUNCTIVE
ich reite	ich reite
du reitest	du reitest
er reitet	er reite
wir reiten	wir reiten
ihr reitet	ihr reitet
sie reiten	sie reiten

IMPERFECT INDICATIVE	IMPERFECT SUBJUNCTIVE
ich ritt	ich ritte
du ritt(e)st	du rittest
er ritt	er ritte
wir ritten	wir ritten
ihr rittet	ihr rittet
sie ritten	sie ritten

FUTURE INDICATIVE	CONDITIONAL
ich werde reiten	ich würde reiten
du wirst reiten	du würdest reiten
er wird reiten	er würde reiten
wir werden reiten	wir würden reiten
ihr werdet reiten	ihr würdet reiten
sie werden reiten	sie würden reiten

PERFECT INDICATIVE	PLUPERFECT SUBJUNCTIVE
ich habe **geritten***	ich hätte **geritten***
du hast **geritten**	du hättest **geritten**
er hat **geritten**	er hätte **geritten**
wir haben **geritten**	wir hätten **geritten**
ihr habt **geritten**	ihr hättet **geritten**
sie haben **geritten**	sie hätten **geritten**

PRESENT PARTICIPLE	PAST PARTICIPLE
reitend	**geritten**

IMPERATIVE
reit(e)! reiten wir! reitet! reiten Sie!

* *OR*: **ich bin/wäre geritten** *etc* (*when intransitive*).

PRESENT INDICATIVE

ich renne
du rennst
er rennt
wir rennen
ihr rennt
sie rennen

PRESENT SUBJUNCTIVE

ich renne
du rennest
er renne
wir rennen
ihr rennet
sie rennen

IMPERFECT INDICATIVE

ich rannte
du ranntest
er rannte
wir rannten
ihr ranntet
sie rannten

IMPERFECT SUBJUNCTIVE

ich rennte
du renntest
er rennte
wir rennten
ihr renntet
sie rennten

FUTURE INDICATIVE

ich werde rennen
du wirst rennen
er wird rennen
wir werden rennen
ihr werdet rennen
sie werden rennen

CONDITIONAL

ich würde rennen
du würdest rennen
er würde rennen
wir würden rennen
ihr würdet rennen
sie würden rennen

PERFECT INDICATIVE

ich bin gerannt
du bist gerannt
er ist gerannt
wir sind gerannt
ihr seid gerannt
sie sind gerannt

PLUPERFECT SUBJUNCTIVE

ich wäre gerannt
du wär(e)st gerannt
er wäre gerannt
wir wären gerannt
ihr wär(e)t gerannt
sie wären gerannt

PRESENT PARTICIPLE

rennend

PAST PARTICIPLE

gerannt

IMPERATIVE

renn(e)! rennen wir! rennt! rennen Sie!

111 · riechen to smell
····· [strong, *takes* **haben**] ·································

<table>
<tr><td colspan="2">PRESENT INDICATIVE</td><td colspan="2">PRESENT SUBJUNCTIVE</td></tr>
<tr><td>ich</td><td>rieche</td><td>ich</td><td>rieche</td></tr>
<tr><td>du</td><td>riechst</td><td>du</td><td>riechest</td></tr>
<tr><td>er</td><td>riecht</td><td>er</td><td>rieche</td></tr>
<tr><td>wir</td><td>riechen</td><td>wir</td><td>riechen</td></tr>
<tr><td>ihr</td><td>riecht</td><td>ihr</td><td>riechet</td></tr>
<tr><td>sie</td><td>riechen</td><td>sie</td><td>riechen</td></tr>
</table>

<table>
<tr><td colspan="2">IMPERFECT INDICATIVE</td><td colspan="2">IMPERFECT SUBJUNCTIVE</td></tr>
<tr><td>ich</td><td>roch</td><td>ich</td><td>röche</td></tr>
<tr><td>du</td><td>rochst</td><td>du</td><td>röchest</td></tr>
<tr><td>er</td><td>roch</td><td>er</td><td>röche</td></tr>
<tr><td>wir</td><td>rochen</td><td>wir</td><td>röchen</td></tr>
<tr><td>ihr</td><td>rocht</td><td>ihr</td><td>röchet</td></tr>
<tr><td>sie</td><td>rochen</td><td>sie</td><td>röchen</td></tr>
</table>

<table>
<tr><td colspan="2">FUTURE INDICATIVE</td><td colspan="2">CONDITIONAL</td></tr>
<tr><td>ich</td><td>werde riechen</td><td>ich</td><td>würde riechen</td></tr>
<tr><td>du</td><td>wirst riechen</td><td>du</td><td>würdest riechen</td></tr>
<tr><td>er</td><td>wird riechen</td><td>er</td><td>würde riechen</td></tr>
<tr><td>wir</td><td>werden riechen</td><td>wir</td><td>würden riechen</td></tr>
<tr><td>ihr</td><td>werdet riechen</td><td>ihr</td><td>würdet riechen</td></tr>
<tr><td>sie</td><td>werden riechen</td><td>sie</td><td>würden riechen</td></tr>
</table>

<table>
<tr><td colspan="2">PERFECT INDICATIVE</td><td colspan="2">PLUPERFECT SUBJUNCTIVE</td></tr>
<tr><td>ich</td><td>habe gerochen</td><td>ich</td><td>hätte gerochen</td></tr>
<tr><td>du</td><td>hast gerochen</td><td>du</td><td>hättest gerochen</td></tr>
<tr><td>er</td><td>hat gerochen</td><td>er</td><td>hätte gerochen</td></tr>
<tr><td>wir</td><td>haben gerochen</td><td>wir</td><td>hätten gerochen</td></tr>
<tr><td>ihr</td><td>habt gerochen</td><td>ihr</td><td>hättet gerochen</td></tr>
<tr><td>sie</td><td>haben gerochen</td><td>sie</td><td>hätten gerochen</td></tr>
</table>

<table>
<tr><td>PRESENT PARTICIPLE</td><td>PAST PARTICIPLE</td></tr>
<tr><td>riechend</td><td>gerochen</td></tr>
</table>

IMPERATIVE

riech(e)! riechen wir! riecht! riechen Sie!

ringen to struggle

[strong, *takes* haben]

PRESENT INDICATIVE

ich ringe
du ringst
er ringt
wir ringen
ihr ringt
sie ringen

PRESENT SUBJUNCTIVE

ich ringe
du ringest
er ringe
wir ringen
ihr ringet
sie ringen

IMPERFECT INDICATIVE

ich rang
du rangst
er rang
wir rangen
ihr rangt
sie rangen

IMPERFECT SUBJUNCTIVE

ich ränge
du rängest
er ränge
wir rängen
ihr ränget
sie rängen

FUTURE INDICATIVE

ich werde ringen
du wirst ringen
er wird ringen
wir werden ringen
ihr werdet ringen
sie werden ringen

CONDITIONAL

ich würde ringen
du würdest ringen
er würde ringen
wir würden ringen
ihr würdet ringen
sie würden ringen

PERFECT INDICATIVE

ich habe **gerungen**
du hast **gerungen**
er hat **gerungen**
wir haben **gerungen**
ihr habt **gerungen**
sie haben **gerungen**

PLUPERFECT SUBJUNCTIVE

ich hätte **gerungen**
du hättest **gerungen**
er hätte **gerungen**
wir hätten **gerungen**
ihr hättet **gerungen**
sie hätten **gerungen**

PRESENT PARTICIPLE

ringend

PAST PARTICIPLE

gerungen

IMPERATIVE

ring(e)! ringen **wir**! ringt! ringen **Sie**!

113 rinnen to run, flow

[strong, *takes* sein]

PRESENT INDICATIVE	
ich	rinne
du	rinnst
er	rinnt
wir	rinnen
ihr	rinnt
sie	rinnen

PRESENT SUBJUNCTIVE	
ich	rinne
du	rinnest
er	rinne
wir	rinnen
ihr	rinnet
sie	rinnen

IMPERFECT INDICATIVE	
ich	rann
du	rannst
er	rann
wir	rannen
ihr	rannt
sie	rannen

IMPERFECT SUBJUNCTIVE	
ich	ränne
du	rännest
er	ränne
wir	rännen
ihr	rännet
sie	rännen

FUTURE INDICATIVE	
ich	werde rinnen
du	wirst rinnen
er	wird rinnen
wir	werden rinnen
ihr	werdet rinnen
sie	werden rinnen

CONDITIONAL	
ich	würde rinnen
du	würdest rinnen
er	würde rinnen
wir	würden rinnen
ihr	würdet rinnen
sie	würden rinnen

PERFECT INDICATIVE	
ich	bin **geronnen**
du	bist **geronnen**
er	ist **geronnen**
wir	sind **geronnen**
ihr	seid **geronnen**
sie	sind **geronnen**

PLUPERFECT SUBJUNCTIVE	
ich	wäre **geronnen**
du	wär(e)st **geronnen**
er	wäre **geronnen**
wir	wären **geronnen**
ihr	wär(e)t **geronnen**
sie	wären **geronnen**

PRESENT PARTICIPLE
rinnend

PAST PARTICIPLE
geronnen

IMPERATIVE
rinn(e)! rinnen wir! rinnt! rinnen Sie!

rufen to shout, call (114)

.... [strong, *takes* **haben**] ....

PRESENT INDICATIVE	PRESENT SUBJUNCTIVE
ich rufe	ich rufe
du rufst	du rufest
er ruft	er rufe
wir rufen	wir rufen
ihr ruft	ihr rufet
sie rufen	sie rufen

IMPERFECT INDICATIVE	IMPERFECT SUBJUNCTIVE
ich rief	ich riefe
du riefst	du riefest
er rief	er riefe
wir riefen	wir riefen
ihr rieft	ihr riefet
sie riefen	sie riefen

FUTURE INDICATIVE	CONDITIONAL
ich werde rufen	ich würde rufen
du wirst rufen	du würdest rufen
er wird rufen	er würde rufen
wir werden rufen	wir würden rufen
ihr werdet rufen	ihr würdet rufen
sie werden rufen	sie würden rufen

PERFECT INDICATIVE	PLUPERFECT SUBJUNCTIVE
ich habe **gerufen**	ich hätte **gerufen**
du hast **gerufen**	du hättest **gerufen**
er hat **gerufen**	er hätte **gerufen**
wir haben **gerufen**	wir hätten **gerufen**
ihr habt **gerufen**	ihr hättet **gerufen**
sie haben **gerufen**	sie hätten **gerufen**

PRESENT PARTICIPLE	PAST PARTICIPLE
rufe**nd**	**gerufen**

IMPERATIVE
ruf(**e**)! rufen wir! ruft! rufen Sie!

115 saufen to drink
···· [strong, *takes* haben] ····································

PRESENT INDICATIVE		PRESENT SUBJUNCTIVE	
ich	saufe	ich	saufe
du	säufst	du	saufest
er	säuft	er	saufe
wir	saufen	wir	saufen
ihr	sauft	ihr	saufet
sie	saufen	sie	saufen

IMPERFECT INDICATIVE		IMPERFECT SUBJUNCTIVE	
ich	soff	ich	söffe
du	soffst	du	söffest
er	soff	er	söffe
wir	soffen	wir	söffen
ihr	sofft	ihr	söffet
sie	soffen	sie	söffen

FUTURE INDICATIVE		CONDITIONAL	
ich	werde saufen	ich	würde saufen
du	wirst saufen	du	würdest saufen
er	wird saufen	er	würde saufen
wir	werden saufen	wir	würden saufen
ihr	werdet saufen	ihr	würdet saufen
sie	werden saufen	sie	würden saufen

PERFECT INDICATIVE		PLUPERFECT SUBJUNCTIVE	
ich	habe **gesoffen**	ich	hätte **gesoffen**
du	hast **gesoffen**	du	hättest **gesoffen**
er	hat **gesoffen**	er	hätte **gesoffen**
wir	haben **gesoffen**	wir	hätten **gesoffen**
ihr	habt **gesoffen**	ihr	hättet **gesoffen**
sie	haben **gesoffen**	sie	hätten **gesoffen**

PRESENT PARTICIPLE	PAST PARTICIPLE
saufen**d**	**gesoffen**

IMPERATIVE
sauf(e)! saufen wir! sauft! saufen Sie!

saugen* to suck

[strong, takes **haben**]

PRESENT INDICATIVE

ich sauge
du saugst
er saugt
wir saugen
ihr saugt
sie saugen

PRESENT SUBJUNCTIVE

ich sauge
du saugest
er sauge
wir saugen
ihr sauget
sie saugen

IMPERFECT INDICATIVE

ich sog
du sogst
er sog
wir sogen
ihr sogt
sie sogen

IMPERFECT SUBJUNCTIVE

ich söge
du sögest
er söge
wir sögen
ihr söget
sie sögen

FUTURE INDICATIVE

ich werde saugen
du wirst saugen
er wird saugen
wir werden saugen
ihr werdet saugen
sie werden saugen

CONDITIONAL

ich würde saugen
du würdest saugen
er würde saugen
wir würden saugen
ihr würdet saugen
sie würden saugen

PERFECT INDICATIVE

ich habe gesogen
du hast gesogen
er hat gesogen
wir haben gesogen
ihr habt gesogen
sie haben gesogen

PLUPERFECT SUBJUNCTIVE

ich hätte gesogen
du hättest gesogen
er hätte gesogen
wir hätten gesogen
ihr hättet gesogen
sie hätten gesogen

PRESENT PARTICIPLE

saugend

PAST PARTICIPLE

gesogen

IMPERATIVE

saug(e)! saugen wir! saugt! saugen Sie!
*Can also be conjugated as a weak verb, see pp 5 ff.

schaffen* to create

····· [strong, *takes* haben] ·······································

PRESENT INDICATIVE
ich schaffe
du schaffst
er schafft
wir schaffen
ihr schafft
sie schaffen

PRESENT SUBJUNCTIVE
ich schaffe
du schaffest
er schaffe
wir schaffen
ihr schaffet
sie schaffen

IMPERFECT INDICATIVE
ich schuf
du schufst
er schuf
wir schufen
ihr schuft
sie schufen

IMPERFECT SUBJUNCTIVE
ich schüfe
du schüfest
er schüfe
wir schüfen
ihr schüfet
sie schüfen

FUTURE INDICATIVE
ich werde schaffen
du wirst schaffen
er wird schaffen
wir werden schaffen
ihr werdet schaffen
sie werden schaffen

CONDITIONAL
ich würde schaffen
du würdest schaffen
er würde schaffen
wir würden schaffen
ihr würdet schaffen
sie würden schaffen

PERFECT INDICATIVE
ich habe geschaffen
du hast geschaffen
er hat geschaffen
wir haben geschaffen
ihr habt geschaffen
sie haben geschaffen

PLUPERFECT SUBJUNCTIVE
ich hätte geschaffen
du hättest geschaffen
er hätte geschaffen
wir hätten geschaffen
ihr hättet geschaffen
sie hätten geschaffen

PRESENT PARTICIPLE
schaffend

PAST PARTICIPLE
geschaffen

IMPERATIVE
schaff(e)! schaffen wir! schafft! schaffen Sie!

*Conjugated as a weak verb when the meaning is "to manage".

schallen* to resound

[weak/strong, *takes* **haben**]

PRESENT INDICATIVE	PRESENT SUBJUNCTIVE
ich schalle	ich schalle
du schallst	du schallest
er schallt	er schalle
wir schallen	wir schallen
ihr schallt	ihr schallet
sie schallen	sie schallen

IMPERFECT INDICATIVE	IMPERFECT SUBJUNCTIVE
ich scholl	ich schölle
du schollst	du schöllest
er scholl	er schölle
wir schollen	wir schöllen
ihr schollt	ihr schöllet
sie schollen	sie schöllen

FUTURE INDICATIVE	CONDITIONAL
ich werde schallen	ich würde schallen
du wirst schallen	du würdest schallen
er wird schallen	er würde schallen
wir werden schallen	wir würden schallen
ihr werdet schallen	ihr würdet schallen
sie werden schallen	sie würden schallen

PERFECT INDICATIVE	PLUPERFECT SUBJUNCTIVE
ich habe **geschollen**	ich hätte **geschollen**
du hast **geschollen**	du hättest **geschollen**
er hat **geschollen**	er hätte **geschollen**
wir haben **geschollen**	wir hätten **geschollen**
ihr habt **geschollen**	ihr hättet **geschollen**
sie haben **geschollen**	sie hätten **geschollen**

PRESENT PARTICIPLE	PAST PARTICIPLE
schallend	**geschollen**

IMPERATIVE
schall(e)! schallen wir! schallt! schallen Sie!

*This verb is normally weak: schallte, geschallt.

scheiden to separate/to part

···· [strong, *takes* haben/sein] ··································

PRESENT INDICATIVE	PRESENT SUBJUNCTIVE
ich scheide	ich scheide
du scheidest	du scheidest
er scheidet	er scheide
wir scheiden	wir scheiden
ihr scheidet	ihr scheidet
sie scheiden	sie scheiden

IMPERFECT INDICATIVE	IMPERFECT SUBJUNCTIVE
ich schied	ich schiede
du schied(e)st	du schiedest
er schied	er schiede
wir schieden	wir schieden
ihr schiedet	ihr schiedet
sie schieden	sie schieden

FUTURE INDICATIVE	CONDITIONAL
ich werde scheiden	ich würde scheiden
du wirst scheiden	du würdest scheiden
er wird scheiden	er würde scheiden
wir werden scheiden	wir würden scheiden
ihr werdet scheiden	ihr würdet scheiden
sie werden scheiden	sie würden scheiden

PERFECT INDICATIVE	PLUPERFECT SUBJUNCTIVE
ich habe geschieden*	ich hätte geschieden*
du hast geschieden	du hättest geschieden
er hat geschieden	er hätte geschieden
wir haben geschieden	wir hätten geschieden
ihr habt geschieden	ihr hättet geschieden
sie haben geschieden	sie hätten geschieden

PRESENT PARTICIPLE	PAST PARTICIPLE
scheidend	geschieden

IMPERATIVE
scheid(e)! scheiden wir! scheidet! scheiden Sie!

OR: ich bin/wäre geschieden *etc* when the meaning is "to part".

142

scheinen to shine; to seem

·········· [strong, *takes* haben] ··········

PRESENT INDICATIVE	PRESENT SUBJUNCTIVE
ich scheine	ich scheine
du scheinst	du scheinest
er scheint	er scheine
wir scheinen	wir scheinen
ihr scheint	ihr scheinet
sie scheinen	sie scheinen

IMPERFECT INDICATIVE	IMPERFECT SUBJUNCTIVE
ich schien	ich schiene
du schienst	du schienest
er schien	er schiene
wir schienen	wir schienen
ihr schient	ihr schienet
sie schienen	sie schienen

FUTURE INDICATIVE	CONDITIONAL
ich werde scheinen	ich würde scheinen
du wirst scheinen	du würdest scheinen
er wird scheinen	er würde scheinen
wir werden scheinen	wir würden scheinen
ihr werdet scheinen	ihr würdet scheinen
sie werden scheinen	sie würden scheinen

PERFECT INDICATIVE	PLUPERFECT SUBJUNCTIVE
ich habe geschienen	ich hätte geschienen
du hast geschienen	du hättest geschienen
er hat geschienen	er hätte geschienen
wir haben geschienen	wir hätten geschienen
ihr habt geschienen	ihr hättet geschienen
sie haben geschienen	sie hätten geschienen

PRESENT PARTICIPLE	PAST PARTICIPLE
scheinend	geschienen

IMPERATIVE
schein(e)! scheinen wir! scheint! scheinen Sie!

143

121 schelten to scold
···· [strong, *takes* haben] ····

PRESENT INDICATIVE	
ich	schelte
du	schiltst
er	schilt
wir	schelten
ihr	scheltet
sie	schelten

PRESENT SUBJUNCTIVE	
ich	schelte
du	scheltest
er	schelte
wir	schelten
ihr	scheltet
sie	schelten

IMPERFECT INDICATIVE	
ich	schalt
du	schalt(e)st
er	schalt
wir	schalten
ihr	schaltet
sie	schalten

IMPERFECT SUBJUNCTIVE	
ich	schölte
du	schöltest
er	schölte
wir	schölten
ihr	schöltet
sie	schölten

FUTURE INDICATIVE	
ich	werde schelten
du	wirst schelten
er	wird schelten
wir	werden schelten
ihr	werdet schelten
sie	werden schelten

CONDITIONAL	
ich	würde schelten
du	würdest schelten
er	würde schelten
wir	würden schelten
ihr	würdet schelten
sie	würden schelten

PERFECT INDICATIVE	
ich	habe gescholten
du	hast gescholten
er	hat gescholten
wir	haben gescholten
ihr	habt gescholten
sie	haben gescholten

PLUPERFECT SUBJUNCTIVE	
ich	hätte gescholten
du	hättest gescholten
er	hätte gescholten
wir	hätten gescholten
ihr	hättet gescholten
sie	hätten gescholten

PRESENT PARTICIPLE
scheltend

PAST PARTICIPLE
gescholten

IMPERATIVE
schilt! schelten wir! scheltet! schelten Sie!

scheren to shear

[strong, *takes* haben]

PRESENT INDICATIVE	PRESENT SUBJUNCTIVE
ich schere	ich schere
du scherst	du scherest
er schert	er schere
wir scheren	wir scheren
ihr schert	ihr scheret
sie scheren	sie scheren

IMPERFECT INDICATIVE	IMPERFECT SUBJUNCTIVE
ich schor	ich schöre
du schorst	du schörest
er schor	er schöre
wir schoren	wir schören
ihr schort	ihr schöret
sie schoren	sie schören

FUTURE INDICATIVE	CONDITIONAL
ich werde scheren	ich würde scheren
du wirst scheren	du würdest scheren
er wird scheren	er würde scheren
wir werden scheren	wir würden scheren
ihr werdet scheren	ihr würdet scheren
sie werden scheren	sie würden scheren

PERFECT INDICATIVE	PLUPERFECT SUBJUNCTIVE
ich habe geschoren	ich hätte geschoren
du hast geschoren	du hättest geschoren
er hat geschoren	er hätte geschoren
wir haben geschoren	wir hätten geschoren
ihr habt geschoren	ihr hättet geschoren
sie haben geschoren	sie hätten geschoren

PRESENT PARTICIPLE	PAST PARTICIPLE
scherend	geschoren

IMPERATIVE
scher(e)! scheren wir! schert! scheren Sie!

schieben to push

···· [strong, *takes* haben] ····························

PRESENT INDICATIVE	PRESENT SUBJUNCTIVE
ich schiebe	ich schiebe
du schiebst	du schiebest
er schiebt	er schiebe
wir schieben	wir schieben
ihr schiebt	ihr schiebet
sie schieben	sie schieben

IMPERFECT INDICATIVE	IMPERFECT SUBJUNCTIVE
ich schob	ich schöbe
du schobst	du schöbest
er schob	er schöbe
wir schoben	wir schöben
ihr schobt	ihr schöbet
sie schoben	sie schöben

FUTURE INDICATIVE	CONDITIONAL
ich werde schieben	ich würde schieben
du wirst schieben	du würdest schieben
er wird schieben	er würde schieben
wir werden schieben	wir würden schieben
ihr werdet schieben	ihr würdet schieben
sie werden schieben	sie würden schieben

PERFECT INDICATIVE	PLUPERFECT SUBJUNCTIVE
ich habe geschoben	ich hätte geschoben
du hast geschoben	du hättest geschoben
er hat geschoben	er hätte geschoben
wir haben geschoben	wir hätten geschoben
ihr habt geschoben	ihr hättet geschoben
sie haben geschoben	sie hätten geschoben

PRESENT PARTICIPLE	PAST PARTICIPLE
schiebend	geschoben

IMPERATIVE
schieb(e)! schieben wir! schiebt! schieben Sie!

schießen to shoot

[strong, *takes* **haben**]

PRESENT INDICATIVE

ich schieße
du schießt
er schießt
wir schießen
ihr schießt
sie schießen

PRESENT SUBJUNCTIVE

ich schieße
du schießest
er schieße
wir schießen
ihr schießet
sie schießen

IMPERFECT INDICATIVE

ich schoss
du schossest
er schoss
wir schossen
ihr schosst
sie schossen

IMPERFECT SUBJUNCTIVE

ich schösse
du schössest
er schösse
wir schössen
ihr schösset
sie schössen

FUTURE INDICATIVE

ich werde schießen
du wirst schießen
er wird schießen
wir werden schießen
ihr werdet schießen
sie werden schießen

CONDITIONAL

ich würde schießen
du würdest schießen
er würde schießen
wir würden schießen
ihr würdet schießen
sie würden schießen

PERFECT INDICATIVE

ich habe **geschossen**
du hast **geschossen**
er hat **geschossen**
wir haben **geschossen**
ihr habt **geschossen**
sie haben **geschossen**

PLUPERFECT SUBJUNCTIVE

ich hätte **geschossen**
du hättest **geschossen**
er hätte **geschossen**
wir hätten **geschossen**
ihr hättet **geschossen**
sie hätten **geschossen**

PRESENT PARTICIPLE

schießen**d**

PAST PARTICIPLE

geschossen

IMPERATIVE

schieß(e)! schießen wir! schießt! schießen Sie!

schlafen to sleep

···· [strong, *takes* haben] ··································

PRESENT INDICATIVE		PRESENT SUBJUNCTIVE
ich schlafe		ich schlafe
du schläfst		du schlafest
er schläft		er schlafe
wir schlafen		wir schlafen
ihr schlaft		ihr schlafet
sie schlafen		sie schlafen

IMPERFECT INDICATIVE		IMPERFECT SUBJUNCTIVE
ich schlief		ich schliefe
du schliefst		du schliefest
er schlief		er schliefe
wir schliefen		wir schliefen
ihr schlieft		ihr schliefet
sie schliefen		sie schliefen

FUTURE INDICATIVE		CONDITIONAL
ich werde schlafen		ich würde schlafen
du wirst schlafen		du würdest schlafen
er wird schlafen		er würde schlafen
wir werden schlafen		wir würden schlafen
ihr werdet schlafen		ihr würdet schlafen
sie werden schlafen		sie würden schlafen

PERFECT INDICATIVE		PLUPERFECT SUBJUNCTIVE
ich habe geschlafen		ich hätte geschlafen
du hast geschlafen		du hättest geschlafen
er hat geschlafen		er hätte geschlafen
wir haben geschlafen		wir hätten geschlafen
ihr habt geschlafen		ihr hättet geschlafen
sie haben geschlafen		sie hätten geschlafen

PRESENT PARTICIPLE		PAST PARTICIPLE
schlafend		geschlafen

IMPERATIVE
schlaf(e)! schlafen wir! schlaft! schlafen Sie!

schlagen to hit
[strong, *takes* haben]

PRESENT INDICATIVE	PRESENT SUBJUNCTIVE
ich schlage	ich schlage
du schlägst	du schlagest
er schlägt	er schlage
wir schlagen	wir schlagen
ihr schlagt	ihr schlaget
sie schlagen	sie schlagen

IMPERFECT INDICATIVE	IMPERFECT SUBJUNCTIVE
ich schlug	ich schlüge
du schlugst	du schlügest
er schlug	er schlüge
wir schlugen	wir schlügen
ihr schlugt	ihr schlüget
sie schlugen	sie schlügen

FUTURE INDICATIVE	CONDITIONAL
ich werde schlagen	ich würde schlagen
du wirst schlagen	du würdest schlagen
er wird schlagen	er würde schlagen
wir werden schlagen	wir würden schlagen
ihr werdet schlagen	ihr würdet schlagen
sie werden schlagen	sie würden schlagen

PERFECT INDICATIVE	PLUPERFECT SUBJUNCTIVE
ich habe geschlagen	ich hätte geschlagen
du hast geschlagen	du hättest geschlagen
er hat geschlagen	er hätte geschlagen
wir haben geschlagen	wir hätten geschlagen
ihr habt geschlagen	ihr hättet geschlagen
sie haben geschlagen	sie hätten geschlagen

PRESENT PARTICIPLE	PAST PARTICIPLE
schlagend	geschlagen

IMPERATIVE
schlag(e)! schlagen wir! schlagt! schlagen Sie!

schleichen to creep

···· [strong, *takes* sein] ····································

PRESENT INDICATIVE	PRESENT SUBJUNCTIVE
ich schleiche	ich schleiche
du schleichst	du schleichest
er schleicht	er schleiche
wir schleichen	wir schleichen
ihr schleicht	ihr schleichet
sie schleichen	sie schleichen

IMPERFECT INDICATIVE	IMPERFECT SUBJUNCTIVE
ich schlich	ich schliche
du schlichst	du schlichest
er schlich	er schliche
wir schlichen	wir schlichen
ihr schlicht	ihr schlichet
sie schlichen	sie schlichen

FUTURE INDICATIVE	CONDITIONAL
ich werde schleichen	ich würde schleichen
du wirst schleichen	du würdest schleichen
er wird schleichen	er würde schleichen
wir werden schleichen	wir würden schleichen
ihr werdet schleichen	ihr würdet schleichen
sie werden schleichen	sie würden schleichen

PERFECT INDICATIVE	PLUPERFECT SUBJUNCTIVE
ich bin **geschlichen**	ich wäre **geschlichen**
du bist **geschlichen**	du wär(e)st **geschlichen**
er ist **geschlichen**	er wäre **geschlichen**
wir sind **geschlichen**	wir wären **geschlichen**
ihr seid **geschlichen**	ihr wär(e)t **geschlichen**
sie sind **geschlichen**	sie wären **geschlichen**

PRESENT PARTICIPLE	PAST PARTICIPLE
schleichend	**geschlichen**

IMPERATIVE
schleich(e)! schleichen wir! schleicht! schleichen Sie!

schleifen to drag (128)

.... [strong, *takes* haben] ....

PRESENT INDICATIVE	PRESENT SUBJUNCTIVE
ich schleife	ich schleife
du schleifst	du schleifest
er schleift	er schleife
wir schleifen	wir schleifen
ihr schleift	ihr schleift
sie schleifen	sie schleifen

IMPERFECT INDICATIVE	IMPERFECT SUBJUNCTIVE
ich schliff	ich schliffe
du schliffst	du schliffest
er schliff	er schliffe
wir schliffen	wir schliffen
ihr schlifft	ihr schliffet
sie schliffen	sie schliffen

FUTURE INDICATIVE	CONDITIONAL
ich werde schleifen	ich würde schleifen
du wirst schleifen	du würdest schleifen
er wird schleifen	er würde schleifen
wir werden schleifen	wir würden schleifen
ihr werdet schleifen	ihr würdet schleifen
sie werden schleifen	sie würden schleifen

PERFECT INDICATIVE	PLUPERFECT SUBJUNCTIVE
ich habe **geschliffen**	ich hätte **geschliffen**
du hast **geschliffen**	du hättest **geschliffen**
er hat **geschliffen**	er hätte **geschliffen**
wir haben **geschliffen**	wir hätten **geschliffen**
ihr habt **geschliffen**	ihr hättet **geschliffen**
sie haben **geschliffen**	sie hätten **geschliffen**

PRESENT PARTICIPLE	PAST PARTICIPLE
schleifend	**geschliffen**

IMPERATIVE
schleif(e)! schleifen wir! schleift! schleifen Sie!

schließen to close

···· [strong, *takes* haben] ·······················

PRESENT INDICATIVE	PRESENT SUBJUNCTIVE
ich schließe	ich schließe
du schließt	du schließest
er schließt	er schließe
wir schließen	wir schließen
ihr schließt	ihr schließet
sie schließen	sie schließen

IMPERFECT INDICATIVE	IMPERFECT SUBJUNCTIVE
ich schloss	ich schlösse
du schlossest	du schlössest
er schloss	er schlösse
wir schlossen	wir schlössen
ihr schlosst	ihr schlösset
sie schlossen	sie schlössen

FUTURE INDICATIVE	CONDITIONAL
ich werde schließen	ich würde schließen
du wirst schließen	du würdest schließen
er wird schließen	er würde schließen
wir werden schließen	wir würden schließen
ihr werdet schließen	ihr würdet schließen
sie werden schließen	sie würden schließen

PERFECT INDICATIVE	PLUPERFECT SUBJUNCTIVE
ich habe geschlossen	ich hätte geschlossen
du hast geschlossen	du hättest geschlossen
er hat geschlossen	er hätte geschlossen
wir haben geschlossen	wir hätten geschlossen
ihr habt geschlossen	ihr hättet geschlossen
sie haben geschlossen	sie hätten geschlossen

PRESENT PARTICIPLE	PAST PARTICIPLE
schließend	geschlossen

IMPERATIVE
schließ(e)! schließen wir! schließt! schließen Sie!

schlingen to wind 130

.... [strong, *takes* haben] ....

PRESENT INDICATIVE	PRESENT SUBJUNCTIVE
ich schlinge	**ich** schlinge
du schlingst	**du** schlingest
er schlingt	**er** schlinge
wir schlingen	**wir** schlingen
ihr schlingt	**ihr** schlinget
sie schlingen	**sie** schlingen

IMPERFECT INDICATIVE	IMPERFECT SUBJUNCTIVE
ich schlang	**ich** schlänge
du schlangst	**du** schlängest
er schlang	**er** schlänge
wir schlangen	**wir** schlängen
ihr schlangt	**ihr** schlänget
sie schlangen	**sie** schlängen

FUTURE INDICATIVE	CONDITIONAL
ich werde schlingen	**ich** würde schlingen
du wirst schlingen	**du** würdest schlingen
er wird schlingen	**er** würde schlingen
wir werden schlingen	**wir** würden schlingen
ihr werdet schlingen	**ihr** würdet schlingen
sie werden schlingen	**sie** würden schlingen

PERFECT INDICATIVE	PLUPERFECT SUBJUNCTIVE
ich habe **geschlungen**	**ich** hätte **geschlungen**
du hast **geschlungen**	**du** hättest **geschlungen**
er hat **geschlungen**	**er** hätte **geschlungen**
wir haben **geschlungen**	**wir** hätten **geschlungen**
ihr habt **geschlungen**	**ihr** hättet **geschlungen**
sie haben **geschlungen**	**sie** hätten **geschlungen**

PRESENT PARTICIPLE	PAST PARTICIPLE
schlingen**d**	**geschlungen**

IMPERATIVE
schling(e)! schlingen wir! schlingt! schlingen Sie!

131 schmeißen to fling

···· [strong, *takes* haben] ····························

PRESENT INDICATIVE	PRESENT SUBJUNCTIVE
ich schmeiße	ich schmeiße
du schmeißt	du schmeißest
er schmeißt	er schmeiße
wir schmeißen	wir schmeißen
ihr schmeißt	ihr schmeißet
sie schmeißen	sie schmeißen

IMPERFECT INDICATIVE	IMPERFECT SUBJUNCTIVE
ich schmiss	ich schmisse
du schmissest	du schmissest
er schmiss	er schmisse
wir schmissen	wir schmissen
ihr schmisst	ihr schmisset
sie schmissen	sie schmissen

FUTURE INDICATIVE	CONDITIONAL
ich werde schmeißen	ich würde schmeißen
du wirst schmeißen	du würdest schmeißen
er wird schmeißen	er würde schmeißen
wir werden schmeißen	wir würden schmeißen
ihr werdet schmeißen	ihr würdet schmeißen
sie werden schmeißen	sie würden schmeißen

PERFECT INDICATIVE	PLUPERFECT SUBJUNCTIVE
ich habe geschmissen	ich hätte geschmissen
du hast geschmissen	du hättest geschmissen
er hat geschmissen	er hätte geschmissen
wir haben geschmissen	wir hätten geschmissen
ihr habt geschmissen	ihr hättet geschmissen
sie haben geschmissen	sie hätten geschmissen

PRESENT PARTICIPLE	PAST PARTICIPLE
schmeißend	geschmissen

IMPERATIVE
schmeiß(e)! schmeißen wir! schmeißt! schmeißen Sie!

schmelzen to melt (132)

··· *(transitive/intransitive)* [strong, *takes* haben/sein] ···

PRESENT INDICATIVE

ich schmelze
du schmilzt
er schmilzt
wir schmelzen
ihr schmelzt
sie schmelzen

IMPERFECT INDICATIVE

ich schmolz
du schmolzest
er schmolz
wir schmolzen
ihr schmolzt
sie schmolzen

FUTURE INDICATIVE

ich werde schmelzen
du wirst schmelzen
er wird schmelzen
wir werden schmelzen
ihr werdet schmelzen
sie werden schmelzen

PERFECT INDICATIVE

ich habe geschmolzen*
du hast geschmolzen
er hat geschmolzen
wir haben geschmolzen
ihr habt geschmolzen
sie haben geschmolzen

PRESENT PARTICIPLE

schmelzend

PRESENT SUBJUNCTIVE

ich schmelze
du schmelzest
er schmelze
wir schmelzen
ihr schmelzet
sie schmelzen

IMPERFECT SUBJUNCTIVE

ich schmölze
du schmölzest
er schmölze
wir schmölzen
ihr schmölzet
sie schmölzen

CONDITIONAL

ich würde schmelzen
du würdest schmelzen
er würde schmelzen
wir würden schmelzen
ihr würdet schmelzen
sie würden schmelzen

PLUPERFECT SUBJUNCTIVE

ich hätte geschmolzen*
du hättest geschmolzen
er hätte geschmolzen
wir hätten geschmolzen
ihr hättet geschmolzen
sie hätten geschmolzen

PAST PARTICIPLE

geschmolzen

IMPERATIVE

schmilz! schmelzen wir! schmelzt! schmelzen Sie!
*OR: ich bin/wäre geschmolzen etc (when intransitive).

schneiden to cut

[strong, *takes* haben]

PRESENT INDICATIVE	
ich	schneide
du	schneidest
er	schneidet
wir	schneiden
ihr	schneidet
sie	schneiden

PRESENT SUBJUNCTIVE	
ich	schneide
du	schneidest
er	schneide
wir	schneiden
ihr	schneidet
sie	schneiden

IMPERFECT INDICATIVE	
ich	schnitt
du	schnittst
er	schnitt
wir	schnitten
ihr	schnittet
sie	schnitten

IMPERFECT SUBJUNCTIVE	
ich	schnitte
du	schnittest
er	schnitte
wir	schnitten
ihr	schnittet
sie	schnitten

FUTURE INDICATIVE	
ich	werde schneiden
du	wirst schneiden
er	wird schneiden
wir	werden schneiden
ihr	werdet schneiden
sie	werden schneiden

CONDITIONAL	
ich	würde schneiden
du	würdest schneiden
er	würde schneiden
wir	würden schneiden
ihr	würdet schneiden
sie	würden schneiden

PERFECT INDICATIVE	
ich	habe geschnitten
du	hast geschnitten
er	hat geschnitten
wir	haben geschnitten
ihr	habt geschnitten
sie	haben geschnitten

PLUPERFECT SUBJUNCTIVE	
ich	hätte geschnitten
du	hättest geschnitten
er	hätte geschnitten
wir	hätten geschnitten
ihr	hättet geschnitten
sie	hätten geschnitten

PRESENT PARTICIPLE
schneidend

PAST PARTICIPLE
geschnitten

IMPERATIVE
schneid(e)! schneiden wir! schneidet! schneiden Sie!

schreiben to write (134)

.... [strong, *takes* haben] ....

PRESENT INDICATIVE	PRESENT SUBJUNCTIVE
ich schreibe	ich schreibe
du schreibst	du schreibest
er schreibt	er schreibe
wir schreiben	wir schreiben
ihr schreibt	ihr schreibet
sie schreiben	sie schreiben

IMPERFECT INDICATIVE	IMPERFECT SUBJUNCTIVE
ich schrieb	ich schriebe
du schriebst	du schriebest
er schrieb	er schriebe
wir schrieben	wir schrieben
ihr schriebt	ihr schriebet
sie schrieben	sie schrieben

FUTURE INDICATIVE	CONDITIONAL
ich werde schreiben	ich würde schreiben
du wirst schreiben	du würdest schreiben
er wird schreiben	er würde schreiben
wir werden schreiben	wir würden schreiben
ihr werdet schreiben	ihr würdet schreiben
sie werden schreiben	sie würden schreiben

PERFECT INDICATIVE	PLUPERFECT SUBJUNCTIVE
ich habe geschrieben	ich hätte geschrieben
du hast geschrieben	du hättest geschrieben
er hat geschrieben	er hätte geschrieben
wir haben geschrieben	wir hätten geschrieben
ihr habt geschrieben	ihr hättet geschrieben
sie haben geschrieben	sie hätten geschrieben

PRESENT PARTICIPLE	PAST PARTICIPLE
schreibend	geschrieben

IMPERATIVE
schreib(e)! schreiben wir! schreibt! schreiben Sie!

135 schreien to shout

······· [strong, *takes* haben] ·······

PRESENT INDICATIVE	PRESENT SUBJUNCTIVE
ich schreie	ich schreie
du schreist	du schreiest
er schreit	er schreie
wir schreien	wir schreien
ihr schreit	ihr schreiet
sie schreien	sie schreien

IMPERFECT INDICATIVE	IMPERFECT SUBJUNCTIVE
ich schrie	ich schriee
du schriest	du schrieest
er schrie	er schriee
wir schrieen	wir schrieen
ihr schriet	ihr schrieet
sie schrieen	sie schrieen

FUTURE INDICATIVE	CONDITIONAL
ich werde schreien	ich würde schreien
du wirst schreien	du würdest schreien
er wird schreien	er würde schreien
wir werden schreien	wir würden schreien
ihr werdet schreien	ihr würdet schreien
sie werden schreien	sie würden schreien

PERFECT INDICATIVE	PLUPERFECT SUBJUNCTIVE
ich habe **geschrie(e)n**	ich hätte **geschrie(e)n**
du hast **geschrie(e)n**	du hättest **geschrie(e)n**
er hat **geschrie(e)n**	er hätte **geschrie(e)n**
wir haben **geschrie(e)n**	wir hätten **geschrie(e)n**
ihr habt **geschrie(e)n**	ihr hättet **geschrie(e)n**
sie haben **geschrie(e)n**	sie hätten **geschrie(e)n**

PRESENT PARTICIPLE	PAST PARTICIPLE
schreiend	**geschrie(e)n**

IMPERATIVE
schrei(e)! schreien wir! schreit! schreien Sie!

schreiten to stride

······ [strong, *takes* sein] ······

PRESENT INDICATIVE	PRESENT SUBJUNCTIVE
ich schreite	ich schreite
du schreitest	du schreitest
er schreitet	er schreite
wir schreiten	wir schreiten
ihr schreitet	ihr schreitet
sie schreiten	sie schreiten

IMPERFECT INDICATIVE	IMPERFECT SUBJUNCTIVE
ich schritt	ich schritte
du schritt(e)st	du schrittest
er schritt	er schritte
wir schritten	wir schritten
ihr schrittet	ihr schrittet
sie schritten	sie schritten

FUTURE INDICATIVE	CONDITIONAL
ich werde schreiten	ich würde schreiten
du wirst schreiten	du würdest schreiten
er wird schreiten	er würde schreiten
wir werden schreiten	wir würden schreiten
ihr werdet schreiten	ihr würdet schreiten
sie werden schreiten	sie würden schreiten

PERFECT INDICATIVE	PLUPERFECT SUBJUNCTIVE
ich bin geschritten	ich wäre geschritten
du bist geschritten	du wär(e)st geschritten
er ist geschritten	er wäre geschritten
wir sind geschritten	wir wären geschritten
ihr seid geschritten	ihr wär(e)t geschritten
sie sind geschritten	sie wären geschritten

PRESENT PARTICIPLE	PAST PARTICIPLE
schreitend	geschritten

IMPERATIVE
schreit(e)! schreiten wir! schreitet! schreiten Sie!

137 · *schweigen* to be silent
···· [strong, *takes* **haben**] ····

PRESENT INDICATIVE	
ich	schweige
du	schweigst
er	schweigt
wir	schweigen
ihr	schweigt
sie	schweigen

PRESENT SUBJUNCTIVE	
ich	schweige
du	schweigest
er	schweige
wir	schweigen
ihr	schweiget
sie	schweigen

IMPERFECT INDICATIVE	
ich	schwieg
du	schwiegst
er	schwieg
wir	schwiegen
ihr	schwiegt
sie	schwiegen

IMPERFECT SUBJUNCTIVE	
ich	schwiege
du	schwiegest
er	schwiege
wir	schwiegen
ihr	schwieget
sie	schwiegen

FUTURE INDICATIVE	
ich	werde schweigen
du	wirst schweigen
er	wird schweigen
wir	werden schweigen
ihr	werdet schweigen
sie	werden schweigen

CONDITIONAL	
ich	würde schweigen
du	würdest schweigen
er	würde schweigen
wir	würden schweigen
ihr	würdet schweigen
sie	würden schweigen

PERFECT INDICATIVE	
ich	habe **geschwiegen**
du	hast **geschwiegen**
er	hat **geschwiegen**
wir	haben **geschwiegen**
ihr	habt **geschwiegen**
sie	haben **geschwiegen**

PLUPERFECT SUBJUNCTIVE	
ich	hätte **geschwiegen**
du	hättest **geschwiegen**
er	hätte **geschwiegen**
wir	hätten **geschwiegen**
ihr	hättet **geschwiegen**
sie	hätten **geschwiegen**

PRESENT PARTICIPLE
schweigend

PAST PARTICIPLE
geschwiegen

IMPERATIVE
schweig(e)! schweigen **wir**! schweigt! schweigen **Sie**!

schwellen to swell 138

.... [strong, *takes* sein] ....

PRESENT INDICATIVE	PRESENT SUBJUNCTIVE
ich schwelle	ich schwelle
du schwillst	du schwellest
er schwillt	er schwelle
wir schwellen	wir schwellen
ihr schwellt	ihr schwellet
sie schwellen	sie schwellen

IMPERFECT INDICATIVE	IMPERFECT SUBJUNCTIVE
ich schwoll	ich schwölle
du schwollst	du schwöllest
er schwoll	er schwölle
wir schwollen	wir schwöllen
ihr schwollt	ihr schwöllet
sie schwollen	sie schwöllen

FUTURE INDICATIVE	CONDITIONAL
ich werde schwellen	ich würde schwellen
du wirst schwellen	du würdest schwellen
er wird schwellen	er würde schwellen
wir werden schwellen	wir würden schwellen
ihr werdet schwellen	ihr würdet schwellen
sie werden schwellen	sie würden schwellen

PERFECT INDICATIVE	PLUPERFECT SUBJUNCTIVE
ich bin geschwollen	ich wäre geschwollen
du bist geschwollen	du wär(e)st geschwollen
er ist geschwollen	er wäre geschwollen
wir sind geschwollen	wir wären geschwollen
ihr seid geschwollen	ihr wär(e)t geschwollen
sie sind geschwollen	sie wären geschwollen

PRESENT PARTICIPLE	PAST PARTICIPLE
schwellend	geschwollen

IMPERATIVE
schwill! schwellen wir! schwellt! schwellen Sie!

161

139 schwimmen to swim

···· [strong, *takes* sein] ····································

PRESENT INDICATIVE	
ich	schwimme
du	schwimmst
er	schwimmt
wir	schwimmen
ihr	schwimmt
sie	schwimmen

PRESENT SUBJUNCTIVE	
ich	schwimme
du	schwimmest
er	schwimme
wir	schwimmen
ihr	schwimmet
sie	schwimmen

IMPERFECT INDICATIVE	
ich	schwamm
du	schwammst
er	schwamm
wir	schwammen
ihr	schwammt
sie	schwammen

IMPERFECT SUBJUNCTIVE	
ich	schwömme
du	schwömmest
er	schwömme
wir	schwömmen
ihr	schwömmet
sie	schwömmen

FUTURE INDICATIVE	
ich	werde schwimmen
du	wirst schwimmen
er	wird schwimmen
wir	werden schwimmen
ihr	werdet schwimmen
sie	werden schwimmen

CONDITIONAL	
ich	würde schwimmen
du	würdest schwimmen
er	würde schwimmen
wir	würden schwimmen
ihr	würdet schwimmen
sie	würden schwimmen

PERFECT INDICATIVE	
ich	bin geschwommen
du	bist geschwommen
er	ist geschwommen
wir	sind geschwommen
ihr	seid geschwommen
sie	sind geschwommen

PLUPERFECT SUBJUNCTIVE	
ich	wäre geschwommen
du	wär(e)st geschwommen
er	wäre geschwommen
wir	wären geschwommen
ihr	wär(e)t geschwommen
sie	wären geschwommen

PRESENT PARTICIPLE
schwimmend

PAST PARTICIPLE
geschwommen

IMPERATIVE
schwimm(e)! schwimmen wir! schwimmt! schwimmen Sie!

schwingen to swing

[strong, *takes* haben]

PRESENT INDICATIVE

ich schwinge
du schwingst
er schwingt
wir schwingen
ihr schwingt
sie schwingen

PRESENT SUBJUNCTIVE

ich schwinge
du schwingest
er schwinge
wir schwingen
ihr schwinget
sie schwingen

IMPERFECT INDICATIVE

ich schwang
du schwangst
er schwang
wir schwangen
ihr schwangt
sie schwangen

IMPERFECT SUBJUNCTIVE

ich schwänge
du schwängest
er schwänge
wir schwängen
ihr schänget
sie schwängen

FUTURE INDICATIVE

ich werde schwingen
du wirst schwingen
er wird schwingen
wir werden schwingen
ihr werdet schwingen
sie werden schwingen

CONDITIONAL

ich würde schwingen
du würdest schwingen
er würde schwingen
wir würden schwingen
ihr würdet schwingen
sie würden schwingen

PERFECT INDICATIVE

ich habe geschwungen
du hast geschwungen
er hat geschwungen
wir haben geschwungen
ihr habt geschwungen
sie haben geschwungen

PLUPERFECT SUBJUNCTIVE

ich hätte geschwungen
du hättest geschwungen
er hätte geschwungen
wir hätten geschwungen
ihr hättet geschwungen
sie hätten geschwungen

PRESENT PARTICIPLE

schwingend

PAST PARTICIPLE

geschwungen

IMPERATIVE

schwing(e)! schwingen wir! schwingt! schwingen Sie!

141 schwören to vow
[strong, *takes* haben]

PRESENT INDICATIVE	
ich	schwöre
du	schwörst
er	schwört
wir	schwören
ihr	schwört
sie	schwören

PRESENT SUBJUNCTIVE	
ich	schwöre
du	schwörest
er	schwöre
wir	schwören
ihr	schwöret
sie	schwören

IMPERFECT INDICATIVE	
ich	schwor
du	schworst
er	schwor
wir	schworen
ihr	schwort
sie	schworen

IMPERFECT SUBJUNCTIVE	
ich	schwüre
du	schwürest
er	schwüre
wir	schwüren
ihr	schwüret
sie	schwüren

FUTURE INDICATIVE	
ich	werde schwören
du	wirst schwören
er	wird schwören
wir	werden schwören
ihr	werdet schwören
sie	werden schwören

CONDITIONAL	
ich	würde schwören
du	würdest schwören
er	würde schwören
wir	würden schwören
ihr	würdet schwören
sie	würden schwören

PERFECT INDICATIVE	
ich	habe geschworen
du	hast geschworen
er	hat geschworen
wir	haben geschworen
ihr	habt geschworen
sie	haben geschworen

PLUPERFECT SUBJUNCTIVE	
ich	hätte geschworen
du	hättest geschworen
er	hätte geschworen
wir	hätten geschworen
ihr	hättet geschworen
sie	hätten geschworen

PRESENT PARTICIPLE
schwörend

PAST PARTICIPLE
geschworen

IMPERATIVE
schwör(e)! schwören wir! schwört! schwören Sie!

sehen to see 142

[strong, *takes* haben]

PRESENT INDICATIVE	PRESENT SUBJUNCTIVE
ich sehe	ich sehe
du siehst	du sehest
er sieht	er sehe
wir sehen	wir sehen
ihr seht	ihr sehet
sie sehen	sie sehen

IMPERFECT INDICATIVE	IMPERFECT SUBJUNCTIVE
ich sah	ich sähe
du sahst	du sähest
er sah	er sähe
wir sahen	wir sähen
ihr saht	ihr sähet
sie sahen	sie sähen

FUTURE INDICATIVE	CONDITIONAL
ich werde sehen	ich würde sehen
du wirst sehen	du würdest sehen
er wird sehen	er würde sehen
wir werden sehen	wir würden sehen
ihr werdet sehen	ihr würdet sehen
sie werden sehen	sie würden sehen

PERFECT INDICATIVE	PLUPERFECT SUBJUNCTIVE
ich habe gesehen	ich hätte gesehen
du hast gesehen	du hättest gesehen
er hat gesehen	er hätte gesehen
wir haben gesehen	wir hätten gesehen
ihr habt gesehen	ihr hättet gesehen
sie haben gesehen	sie hätten gesehen

PRESENT PARTICIPLE	PAST PARTICIPLE
sehend	gesehen

IMPERATIVE
sieh(e)! sehen wir! seht! sehen Sie!

165

sein to be

[strong, *takes* sein]

PRESENT INDICATIVE
ich **bin**
du **bist**
er **ist**
wir **sind**
ihr **seid**
sie **sind**

PRESENT SUBJUNCTIVE
ich **sei**
du **sei(e)st**
er **sei**
wir **seien**
ihr **seiet**
sie **seien**

IMPERFECT INDICATIVE
ich **war**
du **warst**
er **war**
wir **waren**
ihr **wart**
sie **waren**

IMPERFECT SUBJUNCTIVE
ich **wäre**
du **wär(e)st**
er **wäre**
wir **wären**
ihr **wär(e)t**
sie **wären**

FUTURE INDICATIVE
ich **werde sein**
du **wirst sein**
er **wird sein**
wir **werden sein**
ihr **werdet sein**
sie **werden sein**

CONDITIONAL
ich **würde sein**
du **würdest sein**
er **würde sein**
wir **würden sein**
ihr **würdet sein**
sie **würden sein**

PERFECT INDICATIVE
ich bin **gewesen**
du bist **gewesen**
er ist **gewesen**
wir sind **gewesen**
ihr seid **gewesen**
sie sind **gewesen**

PLUPERFECT SUBJUNCTIVE
ich wäre **gewesen**
du wär(e)st **gewesen**
er wäre **gewesen**
wir wären **gewesen**
ihr wär(e)t **gewesen**
sie wären **gewesen**

PRESENT PARTICIPLE
seiend

PAST PARTICIPLE
gewesen

IMPERATIVE
sei! seien wir! seid! seien Sie!

senden* to send

[mixed, *takes* **haben**]

PRESENT INDICATIVE
ich sende
du sendest
er sendet
wir senden
ihr sendet
sie senden

PRESENT SUBJUNCTIVE
ich sende
du sendest
er sende
wir senden
ihr sendet
sie senden

IMPERFECT INDICATIVE
ich sandte
du sandtest
er sandte
wir sandten
ihr sandtet
sie sandten

IMPERFECT SUBJUNCTIVE
ich sendete
du sendetest
er sendete
wir sendeten
ihr sendetet
sie sendeten

FUTURE INDICATIVE
ich werde senden
du wirst senden
er wird senden
wir werden senden
ihr werdet senden
sie werden senden

CONDITIONAL
ich würde senden
du würdest senden
er würde senden
wir würden senden
ihr würdet senden
sie würden senden

PERFECT INDICATIVE
ich habe gesandt
du hast gesandt
er hat gesandt
wir haben gesandt
ihr habt gesandt
sie haben gesandt

PLUPERFECT SUBJUNCTIVE
ich hätte gesandt
du hättest gesandt
er hätte gesandt
wir hätten gesandt
ihr hättet gesandt
sie hätten gesandt

PRESENT PARTICIPLE
sendend

PAST PARTICIPLE
gesandt

IMPERATIVE
send(e)! senden wir! sendet! senden Sie!

**Conjugated as a weak verb when the meaning is "to broadcast".*

145 singen to sing
···· [strong, *takes* haben] ····································

PRESENT INDICATIVE	PRESENT SUBJUNCTIVE
ich singe	ich singe
du singst	du singest
er singt	er singe
wir singen	wir singen
ihr singt	ihr singet
sie singen	sie singen

IMPERFECT INDICATIVE	IMPERFECT SUBJUNCTIVE
ich sang	ich sänge
du sangst	du sängest
er sang	er sänge
wir sangen	wir sängen
ihr sangt	ihr sänget
sie sangen	sie sängen

FUTURE INDICATIVE	CONDITIONAL
ich werde singen	ich würde singen
du wirst singen	du würdest singen
er wird singen	er würde singen
wir werden singen	wir würden singen
ihr werdet singen	ihr würdet singen
sie werden singen	sie würden singen

PERFECT INDICATIVE	PLUPERFECT SUBJUNCTIVE
ich habe gesungen	ich hätte gesungen
du hast gesungen	du hättest gesungen
er hat gesungen	er hätte gesungen
wir haben gesungen	wir hätten gesungen
ihr habt gesungen	ihr hättet gesungen
sie haben gesungen	sie hätten gesungen

PRESENT PARTICIPLE	PAST PARTICIPLE
singend	gesungen

IMPERATIVE
sing(e)! singen wir! singt! singen Sie!

.... [strong, *takes* **sein**] ....

PRESENT INDICATIVE	PRESENT SUBJUNCTIVE
ich sinke	**ich** sinke
du sinkst	**du** sinkest
er sinkt	**er** sinke
wir sinken	**wir** sinken
ihr sinkt	**ihr** sinket
sie sinken	**sie** sinken

IMPERFECT INDICATIVE	IMPERFECT SUBJUNCTIVE
ich sank	**ich** sänke
du sankst	**du** sänkest
er sank	**er** sänke
wir sanken	**wir** sänken
ihr sankt	**ihr** sänket
sie sanken	**sie** sänken

FUTURE INDICATIVE	CONDITIONAL
ich werde sinken	**ich** würde sinken
du wirst sinken	**du** würdest sinken
er wird sinken	**er** würde sinken
wir werden sinken	**wir** würden sinken
ihr werdet sinken	**ihr** würdet sinken
sie werden sinken	**sie** würden sinken

PERFECT INDICATIVE	PLUPERFECT SUBJUNCTIVE
ich bin **gesunken**	**ich** wäre **gesunken**
du bist **gesunken**	**du** wär(e)st **gesunken**
er ist **gesunken**	**er** wäre **gesunken**
wir sind **gesunken**	**wir** wären **gesunken**
ihr seid **gesunken**	**ihr** wär(e)t **gesunken**
sie sind **gesunken**	**sie** wären **gesunken**

PRESENT PARTICIPLE	PAST PARTICIPLE
sinke**nd**	**gesunken**

IMPERATIVE
sink(e)! sinken **wir**! sinkt! sinken **Sie**!

sinnen to meditate

[strong, *takes* haben]

PRESENT INDICATIVE	PRESENT SUBJUNCTIVE
ich sinne	ich sinne
du sinnst	du sinnest
er sinnt	er sinne
wir sinnen	wir sinnen
ihr sinnt	ihr sinnet
sie sinnen	sie sinnen

IMPERFECT INDICATIVE	IMPERFECT SUBJUNCTIVE
ich sann	ich sänne
du sannst	du sännest
er sann	er sänne
wir sannen	wir sännen
ihr sannt	ihr sännet
sie sannen	sie sännen

FUTURE INDICATIVE	CONDITIONAL
ich werde sinnen	ich würde sinnen
du wirst sinnen	du würdest sinnen
er wird sinnen	er würde sinnen
wir werden sinnen	wir würden sinnen
ihr werdet sinnen	ihr würdet sinnen
sie werden sinnen	sie würden sinnen

PERFECT INDICATIVE	PLUPERFECT SUBJUNCTIVE
ich habe gesonnen	ich hätte gesonnen
du hast gesonnen	du hättest gesonnen
er hat gesonnen	er hätte gesonnen
wir haben gesonnen	wir hätten gesonnen
ihr habt gesonnen	ihr hättet gesonnen
sie haben gesonnen	sie hätten gesonnen

PRESENT PARTICIPLE	PAST PARTICIPLE
sinnend	gesonnen

IMPERATIVE
sinn(e)! sinnen wir! sinnt! sinnen Sie!

sitzen to sit

[strong, *takes* haben]

PRESENT INDICATIVE	PRESENT SUBJUNCTIVE
ich sitze	ich sitze
du sitzt	du sitzest
er sitzt	er sitze
wir sitzen	wir sitzen
ihr sitzt	ihr sitzet
sie sitzen	sie sitzen

IMPERFECT INDICATIVE	IMPERFECT SUBJUNCTIVE
ich saß	ich säße
du saßest	du säßest
er saß	er säße
wir saßen	wir säßen
ihr saßt	ihr säßet
sie saßen	sie säßen

FUTURE INDICATIVE	CONDITIONAL
ich werde sitzen	ich würde sitzen
du wirst sitzen	du würdest sitzen
er wird sitzen	er würde sitzen
wir werden sitzen	wir würden sitzen
ihr werdet sitzen	ihr würdet sitzen
sie werden sitzen	sie würden sitzen

PERFECT INDICATIVE	PLUPERFECT SUBJUNCTIVE
ich habe gesessen	ich hätte gesessen
du hast gesessen	du hättest gesessen
er hat gesessen	er hätte gesessen
wir haben gesessen	wir hätten gesessen
ihr habt gesessen	ihr hättet gesessen
sie haben gesessen	sie hätten gesessen

PRESENT PARTICIPLE	PAST PARTICIPLE
sitzend	gesessen

IMPERATIVE
sitz(e)! sitzen wir! sitzt! sitzen Sie!

171

149 **sollen** to be to
···· [modal, *takes* **haben**] ··

PRESENT INDICATIVE	PRESENT SUBJUNCTIVE
ich **soll**	ich **solle**
du **sollst**	du **sollest**
er **soll**	er **solle**
wir **sollen**	wir **sollen**
ihr **sollt**	ihr **sollet**
sie **sollen**	sie **sollen**

IMPERFECT INDICATIVE	IMPERFECT SUBJUNCTIVE
ich sollte	ich sollte
du solltest	du solltest
er sollte	er sollte
wir sollten	wir sollten
ihr solltet	ihr solltet
sie sollten	sie sollten

FUTURE INDICATIVE	CONDITIONAL
ich werde sollen	ich würde sollen
du wirst sollen	du würdest sollen
er wird sollen	er würde sollen
wir werden sollen	wir würden sollen
ihr werdet sollen	ihr würdet sollen
sie werden sollen	sie würden sollen

PERFECT INDICATIVE	PLUPERFECT SUBJUNCTIVE
ich habe **gesollt/sollen**	ich hätte **gesollt/sollen**
du hast **gesollt/sollen**	du hättest **gesollt/sollen**
er hat **gesollt/sollen**	er hätte **gesollt/sollen**
wir haben **gesollt/sollen**	wir hätten **gesollt/sollen**
ihr habt **gesollt/sollen**	ihr hättet **gesollt/sollen**
sie haben **gesollt/sollen**	sie hätten **gesollt/sollen**

PRESENT PARTICIPLE	PAST PARTICIPLE
sollen**d**	**gesollt/sollen***

* *The second form is used when combined with an infinitive construction.*

speien to spew 150
[strong, *takes* haben]

PRESENT INDICATIVE
ich speie
du speist
er speit
wir speien
ihr speit
sie speien

PRESENT SUBJUNCTIVE
ich speie
du speiest
er speie
wir speien
ihr speiet
sie speien

IMPERFECT INDICATIVE
ich spie
du spiest
er spie
wir spieen
ihr spiet
sie spieen

IMPERFECT SUBJUNCTIVE
ich spiee
du spieest
er spiee
wir spieen
ihr spiet
sie spieen

FUTURE INDICATIVE
ich werde speien
du wirst speien
er wird speien
wir werden speien
ihr werdet speien
sie werden speien

CONDITIONAL
ich würde speien
du würdest speien
er würde speien
wir würden speien
ihr würdet speien
sie würden speien

PERFECT INDICATIVE
ich habe gespie(e)n
du hast gespie(e)n
er hat gespie(e)n
wir haben gespie(e)n
ihr habt gespie(e)n
sie haben gespie(e)n

PLUPERFECT SUBJUNCTIVE
ich hätte gespie(e)n
du hättest gespie(e)n
er hätte gespie(e)n
wir hätten gespie(e)n
ihr hättet gespie(e)n
sie hätten gespie(e)n

PRESENT PARTICIPLE
speiend

PAST PARTICIPLE
gespie(e)n

IMPERATIVE
spei(e)! speien wir! speit! speien Sie!

173

spinnen to spin

····· [strong, *takes* haben] ·····

PRESENT INDICATIVE

ich	spinne
du	spinnst
er	spinnt
wir	spinnen
ihr	spinnt
sie	spinnen

PRESENT SUBJUNCTIVE

ich	spinne
du	spinnest
er	spinne
wir	spinnen
ihr	spinnet
sie	spinnen

IMPERFECT INDICATIVE

ich	spann
du	spannst
er	spann
wir	spannen
ihr	spannt
sie	spannen

IMPERFECT SUBJUNCTIVE

ich	spönne
du	spönnest
er	spönne
wir	spönnen
ihr	spönnet
sie	spönnen

FUTURE INDICATIVE

ich	werde spinnen
du	wirst spinnen
er	wird spinnen
wir	werden spinnen
ihr	werdet spinnen
sie	werden spinnen

CONDITIONAL

ich	würde spinnen
du	würdest spinnen
er	würde spinnen
wir	würden spinnen
ihr	würdet spinnen
sie	würden spinnen

PERFECT INDICATIVE

ich	habe **gesponnen**
du	hast **gesponnen**
er	hat **gesponnen**
wir	haben **gesponnen**
ihr	habt **gesponnen**
sie	haben **gesponnen**

PLUPERFECT SUBJUNCTIVE

ich	hätte **gesponnen**
du	hättest **gesponnen**
er	hätte **gesponnen**
wir	hätten **gesponnen**
ihr	hättet **gesponnen**
sie	hätten **gesponnen**

PRESENT PARTICIPLE

spinnend

PAST PARTICIPLE

gesponnen

IMPERATIVE

spinn(e)! spinnen wir! spinnt! spinnen Sie!

sprechen to speak 152

.... [strong, *takes* haben] ....

PRESENT INDICATIVE	PRESENT SUBJUNCTIVE
ich spreche	ich spreche
du sprichst	du sprechest
er spricht	er spreche
wir sprechen	wir sprechen
ihr sprecht	ihr sprechet
sie sprechen	sie sprechen

IMPERFECT INDICATIVE	IMPERFECT SUBJUNCTIVE
ich sprach	ich spräche
du sprachst	du sprächest
er sprach	er spräche
wir sprachen	wir sprächen
ihr spracht	ihr sprächet
sie sprachen	sie sprächen

FUTURE INDICATIVE	CONDITIONAL
ich werde sprechen	ich würde sprechen
du wirst sprechen	du würdest sprechen
er wird sprechen	er würde sprechen
wir werden sprechen	wir würden sprechen
ihr werdet sprechen	ihr würdet sprechen
sie werden sprechen	sie würden sprechen

PERFECT INDICATIVE	PLUPERFECT SUBJUNCTIVE
ich habe gesprochen	ich hätte gesprochen
du hast gesprochen	du hättest gesprochen
er hat gesprochen	er hätte gesprochen
wir haben gesprochen	wir hätten gesprochen
ihr habt gesprochen	ihr hättet gesprochen
sie haben gesprochen	sie hätten gesprochen

PRESENT PARTICIPLE	PAST PARTICIPLE
sprechend	gesprochen

IMPERATIVE
sprich! sprechen wir! sprecht! sprechen Sie!

sprießen to sprout

····· [strong, *takes* sein] ·······························

PRESENT INDICATIVE	PRESENT SUBJUNCTIVE
ich sprieße	ich sprieße
du sprießt	du sprießest
er sprießt	er sprieße
wir sprießen	wir sprießen
ihr sprießt	ihr sprießet
sie sprießen	sie sprießen

IMPERFECT INDICATIVE	IMPERFECT SUBJUNCTIVE
ich **spross**	ich **sprösse**
du **sprossest**	du **sprössest**
er **spross**	er **sprösse**
wir **sprossen**	wir **sprössen**
ihr **sprosst**	ihr **sprösset**
sie **sprossen**	sie **sprössen**

FUTURE INDICATIVE	CONDITIONAL
ich werde sprießen	ich würde sprießen
du wirst sprießen	du würdest sprießen
er wird sprießen	er würde sprießen
wir werden sprießen	wir würden sprießen
ihr werdet sprießen	ihr würdet sprießen
sie werden sprießen	sie würden sprießen

PERFECT INDICATIVE	PLUPERFECT SUBJUNCTIVE
ich bin **gesprossen**	ich wäre **gesprossen**
du bist **gesprossen**	du wär(e)st **gesprossen**
er ist **gesprossen**	er wäre **gesprossen**
wir sind **gesprossen**	wir wären **gesprossen**
ihr seid **gesprossen**	ihr wär(e)t **gesprossen**
sie sind **gesprossen**	sie wären **gesprossen**

PRESENT PARTICIPLE	PAST PARTICIPLE
sprießend	**gesprossen**

IMPERATIVE
sprieß(e)! sprießen wir! sprießt! sprießen Sie!

springen to jump (154)

.... [strong, *takes* **sein**] ....

PRESENT INDICATIVE

ich springe
du springst
er springt
wir springen
ihr springt
sie springen

PRESENT SUBJUNCTIVE

ich springe
du springest
er springe
wir springen
ihr springet
sie springen

IMPERFECT INDICATIVE

ich sprang
du sprangst
er sprang
wir sprangen
ihr sprangt
sie sprangen

IMPERFECT SUBJUNCTIVE

ich spränge
du sprängest
er spränge
wir sprängen
ihr spränget
sie sprängen

FUTURE INDICATIVE

ich werde springen
du wirst springen
er wird springen
wir werden springen
ihr werdet springen
sie werden springen

CONDITIONAL

ich würde springen
du würdest springen
er würde springen
wir würden springen
ihr würdet springen
sie würden springen

PERFECT INDICATIVE

ich bin gesprungen
du bist gesprungen
er ist gesprungen
wir sind gesprungen
ihr seid gesprungen
sie sind gesprungen

PLUPERFECT SUBJUNCTIVE

ich wäre gesprungen
du wär(e)st gesprungen
er wäre gesprungen
wir wären gesprungen
ihr wär(e)t gesprungen
sie wären gesprungen

PRESENT PARTICIPLE

springend

PAST PARTICIPLE

gesprungen

IMPERATIVE

spring(e)! springen wir! springt! springen Sie!

155 stechen to sting, to prick

···· [strong, *takes* haben] ····································

PRESENT INDICATIVE
ich steche
du stichst
er sticht
wir stechen
ihr stecht
sie stechen

PRESENT SUBJUNCTIVE
ich steche
du stechest
er steche
wir stechen
ihr stechet
sie stechen

IMPERFECT INDICATIVE
ich stach
du stachst
er stach
wir stachen
ihr stacht
sie stachen

IMPERFECT SUBJUNCTIVE
ich stäche
du stächest
er stäche
wir stächen
ihr stächet
sie stächen

FUTURE INDICATIVE
ich werde stechen
du wirst stechen
er wird stechen
wir werden stechen
ihr werdet stechen
sie werden stechen

CONDITIONAL
ich würde stechen
du würdest stechen
er würde stechen
wir würden stechen
ihr würdet stechen
sie würden stechen

PERFECT INDICATIVE
ich habe gestochen
du hast gestochen
er hat gestochen
wir haben gestochen
ihr habt gestochen
sie haben gestochen

PLUPERFECT SUBJUNCTIVE
ich hätte gestochen
du hättest gestochen
er hätte gestochen
wir hätten gestochen
ihr hättet gestochen
sie hätten gestochen

PRESENT PARTICIPLE
stechend

PAST PARTICIPLE
gestochen

IMPERATIVE
stich! stechen wir! stecht! stechen Sie!

178

stecken* to put/to be (in a place) (156)

(transitive/intransitive) [strong/weak, takes **haben**] ········

PRESENT INDICATIVE		PRESENT SUBJUNCTIVE	
ich	stecke	ich	stecke
du	steckst	du	steckest
er	steckt	er	stecke
wir	stecken	wir	stecken
ihr	steckt	ihr	stecket
sie	stecken	sie	stecken

IMPERFECT INDICATIVE		IMPERFECT SUBJUNCTIVE	
ich	stak	ich	stäke
du	stakst	du	stäkest
er	stak	er	stäke
wir	staken	wir	stäken
ihr	stakt	ihr	stäket
sie	staken	sie	stäken

FUTURE INDICATIVE		CONDITIONAL	
ich	werde stecken	ich	würde stecken
du	wirst stecken	du	würdest stecken
er	wird stecken	er	würde stecken
wir	werden stecken	wir	würden stecken
ihr	werdet stecken	ihr	würdet stecken
sie	werden stecken	sie	würden stecken

PERFECT INDICATIVE		PLUPERFECT SUBJUNCTIVE	
ich	habe gesteckt	ich	hätte gesteckt
du	hast gesteckt	du	hättest gesteckt
er	hat gesteckt	er	hätte gesteckt
wir	haben gesteckt	wir	hätten gesteckt
ihr	habt gesteckt	ihr	hättet gesteckt
sie	haben gesteckt	sie	hätten gesteckt

PRESENT PARTICIPLE	PAST PARTICIPLE
steckend	gesteckt

IMPERATIVE
steck(e)! stecken wir! steckt! stecken Sie!

*This verb when transitive is always weak: steckte, gesteckt.

179

stehen to stand

[strong, *takes* haben]

PRESENT INDICATIVE	
ich	stehe
du	stehst
er	steht
wir	stehen
ihr	steht
sie	stehen

PRESENT SUBJUNCTIVE	
ich	stehe
du	stehest
er	stehe
wir	stehen
ihr	stehet
sie	stehen

IMPERFECT INDICATIVE	
ich	stand
du	stand(e)st
er	stand
wir	standen
ihr	standet
sie	standen

IMPERFECT SUBJUNCTIVE	
ich	stünde
du	stündest
er	stünde
wir	stünden
ihr	stündet
sie	stünden

FUTURE INDICATIVE	
ich	werde stehen
du	wirst stehen
er	wird stehen
wir	werden stehen
ihr	werdet stehen
sie	werden stehen

CONDITIONAL	
ich	würde stehen
du	würdest stehen
er	würde stehen
wir	würden stehen
ihr	würdet stehen
sie	würden stehen

PERFECT INDICATIVE	
ich	habe gestanden
du	hast gestanden
er	hat gestanden
wir	haben gestanden
ihr	habt gestanden
sie	haben gestanden

PLUPERFECT SUBJUNCTIVE	
ich	hätte gestanden
du	hättest gestanden
er	hätte gestanden
wir	hätten gestanden
ihr	hättet gestanden
sie	hätten gestanden

PRESENT PARTICIPLE
stehend

PAST PARTICIPLE
gestanden

IMPERATIVE
steh(e)! stehen wir! steht! stehen Sie!

.... [strong, *takes* haben] ....

<table>
<tr><td>

PRESENT INDICATIVE

ich stehle
du stiehlst
er stiehlt
wir stehlen
ihr stehlt
sie stehlen

</td><td>

PRESENT SUBJUNCTIVE

ich stehle
du stehlest
er stehle
wir stehlen
ihr stehlet
sie stehlen

</td></tr>
</table>

IMPERFECT INDICATIVE	IMPERFECT SUBJUNCTIVE
ich stahl	ich stähle
du stahlst	du stählest
er stahl	er stähle
wir stahlen	wir stählen
ihr stahlt	ihr stählet
sie stahlen	sie stählen

FUTURE INDICATIVE	CONDITIONAL
ich werde stehlen	ich würde stehlen
du wirst stehlen	du würdest stehlen
er wird stehlen	er würde stehlen
wir werden stehlen	wir würden stehlen
ihr werdet stehlen	ihr würdet stehlen
sie werden stehlen	sie würden stehlen

PERFECT INDICATIVE	PLUPERFECT SUBJUNCTIVE
ich habe **gestohlen**	ich hätte **gestohlen**
du hast **gestohlen**	du hättest **gestohlen**
er hat **gestohlen**	er hätte **gestohlen**
wir haben **gestohlen**	wir hätten **gestohlen**
ihr habt **gestohlen**	ihr hättet **gestohlen**
sie haben **gestohlen**	sie hätten **gestohlen**

PRESENT PARTICIPLE	PAST PARTICIPLE
stehlen**d**	**gestohlen**

IMPERATIVE
stiehl! stehlen wir! stehlt! stehlen Sie!

steigen to climb

···· [strong, *takes* sein] ·······································

PRESENT INDICATIVE	PRESENT SUBJUNCTIVE
ich steige	ich steige
du steigst	du steigest
er steigt	er steige
wir steigen	wir steigen
ihr steigt	ihr steiget
sie steigen	sie steigen

IMPERFECT INDICATIVE	IMPERFECT SUBJUNCTIVE
ich stieg	ich stiege
du stiegst	du stiegest
er stieg	er stiege
wir stiegen	wir stiegen
ihr stiegt	ihr stieget
sie stiegen	sie stiegen

FUTURE INDICATIVE	CONDITIONAL
ich werde steigen	ich würde steigen
du wirst steigen	du würdest steigen
er wird steigen	er würde steigen
wir werden steigen	wir würden steigen
ihr werdet steigen	ihr würdet steigen
sie werden steigen	sie würden steigen

PERFECT INDICATIVE	PLUPERFECT SUBJUNCTIVE
ich bin **gestiegen**	ich wäre **gestiegen**
du bist **gestiegen**	du wär(e)st **gestiegen**
er ist **gestiegen**	er wäre **gestiegen**
wir sind **gestiegen**	wir wären **gestiegen**
ihr seid **gestiegen**	ihr wär(e)t **gestiegen**
sie sind **gestiegen**	sie wären **gestiegen**

PRESENT PARTICIPLE	PAST PARTICIPLE
steigend	**gestiegen**

IMPERATIVE
steig(e)! steigen wir! steigt! steigen Sie!

PRESENT INDICATIVE	PRESENT SUBJUNCTIVE
ich sterbe	ich sterbe
du **stirbst**	du sterb**est**
er **stirbt**	er sterbe
wir sterben	wir sterben
ihr sterbt	ihr sterb**et**
sie sterben	sie sterben

IMPERFECT INDICATIVE	IMPERFECT SUBJUNCTIVE
ich **starb**	ich **stürbe**
du **starbst**	du **stürbest**
er **starb**	er **stürbe**
wir **starben**	wir **stürben**
ihr **starbt**	ihr **stürbet**
sie **starben**	sie **stürben**

FUTURE INDICATIVE	CONDITIONAL
ich werde sterben	ich würde sterben
du wirst sterben	du würdest sterben
er wird sterben	er würde sterben
wir werden sterben	wir würden sterben
ihr werdet sterben	ihr würdet sterben
sie werden sterben	sie würden sterben

PERFECT INDICATIVE	PLUPERFECT SUBJUNCTIVE
ich bin **gestorben**	ich wäre **gestorben**
du bist **gestorben**	du wär(e)st **gestorben**
er ist **gestorben**	er wäre **gestorben**
wir sind **gestorben**	wir wären **gestorben**
ihr seid **gestorben**	ihr wär(e)t **gestorben**
sie sind **gestorben**	sie wären **gestorben**

PRESENT PARTICIPLE	PAST PARTICIPLE
sterbend	**gestorben**

IMPERATIVE
stirb! sterben wir! sterbt! sterben Sie!

161 stinken to stink
[strong, *takes* haben]

PRESENT INDICATIVE		PRESENT SUBJUNCTIVE	
ich	stinke	ich	stinke
du	stinkst	du	stinkest
er	stinkt	er	stinke
wir	stinken	wir	stinken
ihr	stinkt	ihr	stinket
sie	stinken	sie	stinken

IMPERFECT INDICATIVE		IMPERFECT SUBJUNCTIVE	
ich	stank	ich	stänke
du	stankst	du	stänkest
er	stank	er	stänke
wir	stanken	wir	stänken
ihr	stankt	ihr	stänket
sie	stanken	sie	stänken

FUTURE INDICATIVE		CONDITIONAL	
ich	werde stinken	ich	würde stinken
du	wirst stinken	du	würdest stinken
er	wird stinken	er	würde stinken
wir	werden stinken	wir	würden stinken
ihr	werdet stinken	ihr	würdet stinken
sie	werden stinken	sie	würden stinken

PERFECT INDICATIVE		PLUPERFECT SUBJUNCTIVE	
ich	habe **gestunken**	ich	hätte **gestunken**
du	hast **gestunken**	du	hättest **gestunken**
er	hat **gestunken**	er	hätte **gestunken**
wir	haben **gestunken**	wir	hätten **gestunken**
ihr	habt **gestunken**	ihr	hättet **gestunken**
sie	haben **gestunken**	sie	hätten **gestunken**

PRESENT PARTICIPLE	PAST PARTICIPLE
stinkend	**gestunken**

IMPERATIVE
stink(e)! stinken wir! stinkt! stinken Sie!

184

stoßen to push

.... [strong, *takes* haben] ··········

PRESENT INDICATIVE	PRESENT SUBJUNCTIVE
ich stoße	ich stoße
du stößt	du stoßest
er stößt	er stoße
wir stoßen	wir stoßen
ihr stoßt	ihr stoßet
sie stoßen	sie stoßen

IMPERFECT INDICATIVE	IMPERFECT SUBJUNCTIVE
ich stieß	ich stieße
du stießest	du stießest
er stieß	er stieße
wir stießen	wir stießen
ihr stießt	ihr stießet
sie stießen	sie stießen

FUTURE INDICATIVE	CONDITIONAL
ich werde stoßen	ich würde stoßen
du wirst stoßen	du würdest stoßen
er wird stoßen	er würde stoßen
wir werden stoßen	wir würden stoßen
ihr werdet stoßen	ihr würdet stoßen
sie werden stoßen	sie würden stoßen

PERFECT INDICATIVE	PLUPERFECT SUBJUNCTIVE
ich habe gestoßen	ich hätte gestoßen
du hast gestoßen	du hättest gestoßen
er hat gestoßen	er hätte gestoßen
wir haben gestoßen	wir hätten gestoßen
ihr habt gestoßen	ihr hättet gestoßen
sie haben gestoßen	sie hätten gestoßen

PRESENT PARTICIPLE	PAST PARTICIPLE
stoßend	gestoßen

IMPERATIVE
stoß(e)! stoßen wir! stoßt! stoßen Sie!

185

163 streichen to spread, to stroke

···· [strong, *takes* haben] ····

PRESENT INDICATIVE

ich streiche
du streichst
er streicht
wir streichen
ihr streicht
sie streichen

PRESENT SUBJUNCTIVE

ich streiche
du streichest
er streiche
wir streichen
ihr streichet
sie streichen

IMPERFECT INDICATIVE

ich strich
du strichst
er strich
wir strichen
ihr stricht
sie strichen

IMPERFECT SUBJUNCTIVE

ich striche
du strichest
er striche
wir strichen
ihr strichet
sie strichen

FUTURE INDICATIVE

ich werde streichen
du wirst streichen
er wird streichen
wir werden streichen
ihr werdet streichen
sie werden streichen

CONDITIONAL

ich würde streichen
du würdest streichen
er würde streichen
wir würden streichen
ihr würdet streichen
sie würden streichen

PERFECT INDICATIVE

ich habe gestrichen
du hast gestrichen
er hat gestrichen
wir haben gestrichen
ihr habt gestrichen
sie haben gestrichen

PLUPERFECT SUBJUNCTIVE

ich hätte gestrichen
du hättest gestrichen
er hätte gestrichen
wir hätten gestrichen
ihr hättet gestrichen
sie hätten gestrichen

PRESENT PARTICIPLE

streichend

PAST PARTICIPLE

gestrichen

IMPERATIVE

streich(e)! streichen wir! streicht! streichen Sie!

streiten to quarrel

[strong, *takes* haben]

PRESENT INDICATIVE

ich streite
du streitest
er streitet
wir streiten
ihr streitet
sie streiten

PRESENT SUBJUNCTIVE

ich streite
du streitest
er streite
wir streiten
ihr streitet
sie streiten

IMPERFECT INDICATIVE

ich stritt
du stritt(e)st
er stritt
wir stritten
ihr strittet
sie stritten

IMPERFECT SUBJUNCTIVE

ich stritte
du strittest
er stritte
wir stritten
ihr strittet
sie stritten

FUTURE INDICATIVE

ich werde streiten
du wirst streiten
er wird streiten
wir werden streiten
ihr werdet streiten
sie werden streiten

CONDITIONAL

ich würde streiten
du würdest streiten
er würde streiten
wir würden streiten
ihr würdet streiten
sie würden streiten

PERFECT INDICATIVE

ich habe gestritten
du hast gestritten
er hat gestritten
wir haben gestritten
ihr habt gestritten
sie haben gestritten

PLUPERFECT SUBJUNCTIVE

ich hätte gestritten
du hättest gestritten
er hätte gestritten
wir hätten gestritten
ihr hättet gestritten
sie hätten gestritten

PRESENT PARTICIPLE

streitend

PAST PARTICIPLE

gestritten

IMPERATIVE

streit(e)! streiten wir! streitet! streiten Sie!

165 studieren to study

···· [strong, *takes* haben] ····················

PRESENT INDICATIVE		PRESENT SUBJUNCTIVE

PRESENT INDICATIVE

ich studiere
du studierst
er studiert
wir studieren
ihr studiert
sie studieren

PRESENT SUBJUNCTIVE

ich studiere
du studierest
er studiere
wir studieren
ihr studieret
sie studieren

IMPERFECT INDICATIVE

ich studierte
du studiertest
er studierte
wir studierten
ihr studiertet
sie studierten

IMPERFECT SUBJUNCTIVE

ich studierte
du studiertest
er studierte
wir studierten
ihr studiertet
sie studierten

FUTURE INDICATIVE

ich werde studieren
du wirst studieren
er wird studieren
wir werden studieren
ihr werdet studieren
sie werden studieren

CONDITIONAL

ich würde studieren
du würdest studieren
er würde studieren
wir würden studieren
ihr würdet studieren
sie würden studieren

PERFECT INDICATIVE

ich habe studiert
du hast studiert
er hat studiert
wir haben studiert
ihr habt studiert
sie haben studiert

PLUPERFECT SUBJUNCTIVE

ich hätte studiert
du hättest studiert
er hätte studiert
wir hätten studiert
ihr hättet studiert
sie hätten studiert

PRESENT PARTICIPLE

studierend

PAST PARTICIPLE

studiert

IMPERATIVE

studiere! studieren wir! studiert! studieren Sie!

tragen to wear, to carry

·················· [strong, *takes* haben] ··················

PRESENT INDICATIVE
ich trage
du trägst
er trägt
wir tragen
ihr tragt
sie tragen

PRESENT SUBJUNCTIVE
ich trage
du tragest
er trage
wir tragen
ihr traget
sie tragen

IMPERFECT INDICATIVE
ich trug
du trugst
er trug
wir trugen
ihr trugt
sie trugen

IMPERFECT SUBJUNCTIVE
ich trüge
du trügest
er trüge
wir trügen
ihr trüget
sie trügen

FUTURE INDICATIVE
ich werde tragen
du wirst tragen
er wird tragen
wir werden tragen
ihr werdet tragen
sie werden tragen

CONDITIONAL
ich würde tragen
du würdest tragen
er würde tragen
wir würden tragen
ihr würdet tragen
sie würden tragen

PERFECT INDICATIVE
ich habe getragen
du hast getragen
er hat getragen
wir haben getragen
ihr habt getragen
sie haben getragen

PLUPERFECT SUBJUNCTIVE
ich hätte getragen
du hättest getragen
er hätte getragen
wir hätten getragen
ihr hättet getragen
sie hätten getragen

PRESENT PARTICIPLE
tragend

PAST PARTICIPLE
getragen

IMPERATIVE
trag(e)! tragen wir! tragt! tragen Sie!

167 treffen to meet

[strong, *takes* haben]

PRESENT INDICATIVE		PRESENT SUBJUNCTIVE
ich	treffe	ich	treffe
du	triffst	du	treffest
er	trifft	er	treffe
wir	treffen	wir	treffen
ihr	trefft	ihr	treffet
sie	treffen	sie	treffen

IMPERFECT INDICATIVE		IMPERFECT SUBJUNCTIVE
ich	traf	ich	träfe
du	trafst	du	träfest
er	traf	er	träfe
wir	trafen	wir	träfen
ihr	traft	ihr	träfet
sie	trafen	sie	träfen

FUTURE INDICATIVE		CONDITIONAL
ich	werde treffen	ich	würde treffen
du	wirst treffen	du	würdest treffen
er	wird treffen	er	würde treffen
wir	werden treffen	wir	würden treffen
ihr	werdet treffen	ihr	würdet treffen
sie	werden treffen	sie	würden treffen

PERFECT INDICATIVE		PLUPERFECT SUBJUNCTIVE
ich	habe getroffen	ich	hätte getroffen
du	hast getroffen	du	hättest getroffen
er	hat getroffen	er	hätte getroffen
wir	haben getroffen	wir	hätten getroffen
ihr	habt getroffen	ihr	hättet getroffen
sie	haben getroffen	sie	hätten getroffen

PRESENT PARTICIPLE	PAST PARTICIPLE
treffend	getroffen

IMPERATIVE
triff! treffen wir! trefft! treffen Sie!

treiben to drive 168

[strong, *takes* haben]

PRESENT INDICATIVE	PRESENT SUBJUNCTIVE
ich treibe	ich treibe
du treibst	du treibest
er treibt	er treibe
wir treiben	wir treiben
ihr treibt	ihr treibet
sie treiben	sie treiben

IMPERFECT INDICATIVE	IMPERFECT SUBJUNCTIVE
ich trieb	ich triebe
du triebst	du triebest
er trieb	er triebe
wir trieben	wir trieben
ihr triebt	ihr triebet
sie trieben	sie trieben

FUTURE INDICATIVE	CONDITIONAL
ich werde treiben	ich würde treiben
du wirst treiben	du würdest treiben
er wird treiben	er würde treiben
wir werden treiben	wir würden treiben
ihr werdet treiben	ihr würdet treiben
sie werden treiben	sie würden treiben

PERFECT INDICATIVE	PLUPERFECT SUBJUNCTIVE
ich habe getrieben	ich hätte getrieben
du hast getrieben	du hättest getrieben
er hat getrieben	er hätte getrieben
wir haben getrieben	wir hätten getrieben
ihr habt getrieben	ihr hättet getrieben
sie haben getrieben	sie hätten getrieben

PRESENT PARTICIPLE	PAST PARTICIPLE
treibend	getrieben

IMPERATIVE
treib(e)! treiben wir! treibt! treiben Sie!

169 treten to kick/to step

... (transitive/intransitive) [strong, *takes* **haben/sein**]

PRESENT INDICATIVE	
ich	trete
du	trittst
er	tritt
wir	treten
ihr	tretet
sie	treten

PRESENT SUBJUNCTIVE	
ich	trete
du	tretest
er	trete
wir	treten
ihr	tretet
sie	treten

IMPERFECT INDICATIVE	
ich	trat
du	trat(e)st
er	trat
wir	traten
ihr	tratet
sie	traten

IMPERFECT SUBJUNCTIVE	
ich	träte
du	trätest
er	träte
wir	träten
ihr	trätet
sie	träten

FUTURE INDICATIVE	
ich	werde treten
du	wirst treten
er	wird treten
wir	werden treten
ihr	werdet treten
sie	werden treten

CONDITIONAL	
ich	würde treten
du	würdest treten
er	würde treten
wir	würden treten
ihr	würdet treten
sie	würden treten

PERFECT INDICATIVE	
ich	habe **getreten***
du	hast **getreten**
er	hat **getreten**
wir	haben **getreten**
ihr	habt **getreten**
sie	haben **getreten**

PLUPERFECT SUBJUNCTIVE	
ich	hätte **getreten***
du	hättest **getreten**
er	hätte **getreten**
wir	hätten **getreten**
ihr	hättet **getreten**
sie	hätten **getreten**

PRESENT PARTICIPLE
tret**end**

PAST PARTICIPLE
getreten

IMPERATIVE
tritt! treten wir! tretet! treten Sie!

* *OR*: **ich** bin/wäre **getreten** *etc* (*when intransitive*).

trinken to drink

[strong, *takes* **haben**]

PRESENT INDICATIVE

ich trinke
du trinkst
er trinkt
wir trinken
ihr trinkt
sie trinken

PRESENT SUBJUNCTIVE

ich trinke
du trinkest
er trinke
wir trinken
ihr trinket
sie trinken

IMPERFECT INDICATIVE

ich trank
du trankst
er trank
wir tranken
ihr trankt
sie tranken

IMPERFECT SUBJUNCTIVE

ich tränke
du tränkest
er tränke
wir tränken
ihr tränket
sie tränken

FUTURE INDICATIVE

ich werde trinken
du wirst trinken
er wird trinken
wir werden trinken
ihr werdet trinken
sie werden trinken

CONDITIONAL

ich würde trinken
du würdest trinken
er würde trinken
wir würden trinken
ihr würdet trinken
sie würden trinken

PERFECT INDICATIVE

ich habe **getrunken**
du hast **getrunken**
er hat **getrunken**
wir haben **getrunken**
ihr habt **getrunken**
sie haben **getrunken**

PLUPERFECT SUBJUNCTIVE

ich hätte **getrunken**
du hättest **getrunken**
er hätte **getrunken**
wir hätten **getrunken**
ihr hättet **getrunken**
sie hätten **getrunken**

PRESENT PARTICIPLE

trinkend

PAST PARTICIPLE

getrunken

IMPERATIVE

trink(e)! trinken wir! trinkt! trinken Sie!

171 trügen to deceive

···· [strong, *takes* haben] ····························

PRESENT INDICATIVE
ich trüge
du trügst
er trügt
wir trügen
ihr trügt
sie trügen

PRESENT SUBJUNCTIVE
ich trüge
du trügest
er trüge
wir trügen
ihr trüget
sie trügen

IMPERFECT INDICATIVE
ich trog
du trogst
er trog
wir trogen
ihr trogt
sie trogen

IMPERFECT SUBJUNCTIVE
ich tröge
du trögest
er tröge
wir trögen
ihr tröget
sie trögen

FUTURE INDICATIVE
ich werde trügen
du wirst trügen
er wird trügen
wir werden trügen
ihr werdet trügen
sie werden trügen

CONDITIONAL
ich würde trügen
du würdest trügen
er würde trügen
wir würden trügen
ihr würdet trügen
sie würden trügen

PERFECT INDICATIVE
ich habe getrogen
du hast getrogen
er hat getrogen
wir haben getrogen
ihr habt getrogen
sie haben getrogen

PLUPERFECT SUBJUNCTIVE
ich hätte getrogen
du hättest getrogen
er hätte getrogen
wir hätten getrogen
ihr hättet getrogen
sie hätten getrogen

PRESENT PARTICIPLE
trügend

PAST PARTICIPLE
getrogen

IMPERATIVE
trüg(e)! trügen wir! trügt! trügen Sie!

tun to do

[strong, *takes* haben]

PRESENT INDICATIVE
ich tue
du tust
er tut
wir tun
ihr tut
sie tun

PRESENT SUBJUNCTIVE
ich tue
du tuest
er tue
wir tuen
ihr tuet
sie tuen

IMPERFECT INDICATIVE
ich tat
du tat(e)st
er tat
wir taten
ihr tatet
sie taten

IMPERFECT SUBJUNCTIVE
ich täte
du tätest
er täte
wir täten
ihr tätet
sie täten

FUTURE INDICATIVE
ich werde tun
du wirst tun
er wird tun
wir werden tun
ihr werdet tun
sie werden tun

CONDITIONAL
ich würde tun
du würdest tun
er würde tun
wir würden tun
ihr würdet tun
sie würden tun

PERFECT INDICATIVE
ich habe **getan**
du hast **getan**
er hat **getan**
wir haben **getan**
ihr habt **getan**
sie haben **getan**

PLUPERFECT SUBJUNCTIVE
ich hätte **getan**
du hättest **getan**
er hätte **getan**
wir hätten **getan**
ihr hättet **getan**
sie hätten **getan**

PRESENT PARTICIPLE
tuend

PAST PARTICIPLE
getan

IMPERATIVE
tu(e)! tun wir! tut! tun Sie!

173 sich überlegen to consider
···· [weak, inseparable, reflexive, *takes* haben] ········

<table>
<tr><td>

PRESENT INDICATIVE

ich überlege **mir**
du überleg**st dir**
er überlegt **sich**
wir überleg**en uns**
ihr überleg**t euch**
sie überleg**en sich**

</td><td>

PRESENT SUBJUNCTIVE

ich überlege **mir**
du überleg**est dir**
er überlege **sich**
wir überlegen **uns**
ihr überleget **euch**
sie überlegen **sich**

</td></tr>
<tr><td>

IMPERFECT INDICATIVE

ich überleg**te mir**
du überleg**test dir**
er überleg**te sich**
wir überleg**ten uns**
ihr überleg**tet euch**
sie überleg**ten sich**

</td><td>

IMPERFECT SUBJUNCTIVE

ich überleg**te mir**
du überleg**test dir**
er überleg**te sich**
wir überleg**ten uns**
ihr überleg**tet euch**
sie überleg**ten sich**

</td></tr>
<tr><td>

FUTURE INDICATIVE

ich werde **mir** überlegen
du wirst **dir** überlegen
er wird **sich** überlegen
wir werden **uns** überlegen
ihr werdet **euch** überlegen
sie werden **sich** überlegen

</td><td>

CONDITIONAL

ich würde **mir** überlegen
du würdest **dir** überlegen
er würde **sich** überlegen
wir würden **uns** überlegen
ihr würdet **euch** überlegen
sie würden **sich** überlegen

</td></tr>
<tr><td>

PERFECT INDICATIVE

ich habe **mir** überlegt
du hast **dir** überlegt
er hat **sich** überlegt
wir haben **uns** überlegt
ihr habt **euch** überlegt
sie haben **sich** überlegt

</td><td>

PLUPERFECT SUBJUNCTIVE

ich hätte **mir** überlegt
du hättest **dir** überlegt
er hätte **sich** überlegt
wir hätten **uns** überlegt
ihr hättet **euch** überlegt
sie hätten **sich** überlegt

</td></tr>
<tr><td>

PRESENT PARTICIPLE

überleg**end**

</td><td>

PAST PARTICIPLE

überlegt

</td></tr>
</table>

IMPERATIVE

überleg(e)**dir**! überleg**en wir uns**! überleg**t euch**! überleg**en Sie sich**!

verderben to spoil/become spoiled (174)

(*transitive/intransitive*) [strong, inseparable, *takes* **haben/sein**]···

PRESENT INDICATIVE	PRESENT SUBJUNCTIVE
ich verderbe	ich verderbe
du verdirbst	du verderbest
er verdirbt	er verderbe
wir verderben	wir verderben
ihr verderbt	ihr verderbet
sie verderben	sie verderben

IMPERFECT INDICATIVE	IMPERFECT SUBJUNCTIVE
ich **verdarb**	ich **verdürbe**
du **verdarbst**	du **verdürbest**
er **verdarb**	er **verdürbe**
wir **verdarben**	wir **verdürben**
ihr **verdarbt**	ihr **verdürbet**
sie **verdarben**	sie **verdürben**

FUTURE INDICATIVE	CONDITIONAL
ich werde verderben	ich würde verderben
du wirst verderben	du würdest verderben
er wird verderben	er würde verderben
wir werden verderben	wir würden verderben
ihr werdet verderben	ihr würdet verderben
sie werden verderben	sie würden verderben

PERFECT INDICATIVE	PLUPERFECT SUBJUNCTIVE
ich habe **verdorben***	ich hätte **verdorben***
du hast **verdorben**	du hättest **verdorben**
er hat **verdorben**	er hätte **verdorben**
wir haben **verdorben**	wir hätten **verdorben**
ihr habt **verdorben**	ihr hättet **verdorben**
sie haben **verdorben**	sie hätten **verdorben**

PRESENT PARTICIPLE	PAST PARTICIPLE
verderbend	**verdorben**

IMPERATIVE

verdirb! verderben wir! verderbt! verderben Sie!
*OR: **ich bin/wäre verdorben** *etc* (*when intransitive*).

175 verdrießen to vex

.... [strong, inseparable, *takes* haben] ....

PRESENT INDICATIVE

ich verdrieße
du verdrießt
er verdrießt
wir verdrießen
ihr verdrießt
sie verdrießen

PRESENT SUBJUNCTIVE

ich verdrieße
du verdrießest
er verdrieße
wir verdrießen
ihr verdrießet
sie verdrießen

IMPERFECT INDICATIVE

ich verdross
du verdrossest
er verdross
wir verdrossen
ihr verdrosst
sie verdrossen

IMPERFECT SUBJUNCTIVE

ich verdrösse
du verdrössest
er verdrösse
wir verdrössen
ihr verdrösset
sie verdrössen

FUTURE INDICATIVE

ich werde verdrießen
du wirst verdrießen
er wird verdrießen
wir werden verdrießen
ihr werdet verdrießen
sie werden verdrießen

CONDITIONAL

ich würde verdrießen
du würdest verdrießen
er würde verdrießen
wir würden verdrießen
ihr würdet verdrießen
sie würden verdrießen

PERFECT INDICATIVE

ich habe verdrossen
du hast verdrossen
er hat verdrossen
wir haben verdrossen
ihr habt verdrossen
sie haben verdrossen

PLUPERFECT SUBJUNCTIVE

ich hätte verdrossen
du hättest verdrossen
er hätte verdrossen
wir hätten verdrossen
ihr hättet verdrossen
sie hätten verdrossen

PRESENT PARTICIPLE

verdrießend

PAST PARTICIPLE

verdrossen

IMPERATIVE

verdrieß(e)! verdrießen wir! verdrießt! verdrießen Sie!

vergessen to forget

[strong, inseparable, *takes* haben]

PRESENT INDICATIVE	PRESENT SUBJUNCTIVE
ich vergesse	ich vergesse
du vergisst	du vergessest
er vergisst	er vergesse
wir vergessen	wir vergessen
ihr vergesst	ihr vergesset
sie vergessen	sie vergessen

IMPERFECT INDICATIVE	IMPERFECT SUBJUNCTIVE
ich vergaß	ich vergäße
du vergaßest	du vergäßest
er vergaß	er vergäße
wir vergaßen	wir vergäßen
ihr vergaßt	ihr vergäßet
sie vergaßen	sie vergäßen

FUTURE INDICATIVE	CONDITIONAL
ich werde vergessen	ich würde vergessen
du wirst vergessen	du würdest vergessen
er wird vergessen	er würde vergessen
wir werden vergessen	wir würden vergessen
ihr werdet vergessen	ihr würdet vergessen
sie werden vergessen	sie würden vergessen

PERFECT INDICATIVE	PLUPERFECT SUBJUNCTIVE
ich habe vergessen	ich hätte vergessen
du hast vergessen	du hättest vergessen
er hat vergessen	er hätte vergessen
wir haben vergessen	wir hätten vergessen
ihr habt vergessen	ihr hättet vergessen
sie haben vergessen	sie hätten vergessen

PRESENT PARTICIPLE	PAST PARTICIPLE
vergessend	vergessen

IMPERATIVE
vergiss! vergessen wir! vergesst! vergessen Sie!

177 verlangen to demand
[weak, inseparable, *takes* haben]

PRESENT INDICATIVE		PRESENT SUBJUNCTIVE	
ich	verlange	ich	verlange
du	verlangst	du	verlangest
er	verlangt	er	verlange
wir	verlangen	wir	verlangen
ihr	verlangt	ihr	verlanget
sie	verlangen	sie	verlangen

IMPERFECT INDICATIVE		IMPERFECT SUBJUNCTIVE	
ich	verlangte	ich	verlangte
du	verlangtest	du	verlangtest
er	verlangte	er	verlangte
wir	verlangten	wir	verlangten
ihr	verlangtet	ihr	verlangtet
sie	verlangten	sie	verlangten

FUTURE INDICATIVE		CONDITIONAL	
ich	werde verlangen	ich	würde verlangen
du	wirst verlangen	du	würdest verlangen
er	wird verlangen	er	würde verlangen
wir	werden verlangen	wir	würden verlangen
ihr	werdet verlangen	ihr	würdet verlangen
sie	werden verlangen	sie	würden verlangen

PERFECT INDICATIVE		PLUPERFECT SUBJUNCTIVE	
ich	habe verlangt	ich	hätte verlangt
du	hast verlangt	du	hättest verlangt
er	hat verlangt	er	hätte verlangt
wir	haben verlangt	wir	hätten verlangt
ihr	habt verlangt	ihr	hättet verlangt
sie	haben verlangt	sie	hätten verlangt

PRESENT PARTICIPLE	PAST PARTICIPLE
verlangend	verlangt

IMPERATIVE
verlang(e)! verlangen wir! verlangt! verlangen Sie!

PRESENT INDICATIVE	PRESENT SUBJUNCTIVE
ich verliere	ich verliere
du verlierst	du verlierest
er verliert	er verliere
wir verlieren	wir verlieren
ihr verliert	ihr verlieret
sie verlieren	sie verlieren

IMPERFECT INDICATIVE	IMPERFECT SUBJUNCTIVE
ich verlor	ich verlöre
du verlorst	du verlörest
er verlor	er verlöre
wir verloren	wir verlören
ihr verlort	ihr verlöret
sie verloren	sie verlören

FUTURE INDICATIVE	CONDITIONAL
ich werde verlieren	ich würde verlieren
du wirst verlieren	du würdest verlieren
er wird verlieren	er würde verlieren
wir werden verlieren	wir würden verlieren
ihr werdet verlieren	ihr würdet verlieren
sie werden verlieren	sie würden verlieren

PERFECT INDICATIVE	PLUPERFECT SUBJUNCTIVE
ich habe verloren	ich hätte verloren
du hast verloren	du hättest verloren
er hat verloren	er hätte verloren
wir haben verloren	wir hätten verloren
ihr habt verloren	ihr hättet verloren
sie haben verloren	sie hätten verloren

PRESENT PARTICIPLE	PAST PARTICIPLE
verlierend	verloren

IMPERATIVE
verlier(e)! verlieren wir! verliert! verlieren Sie!

201

179 verschleißen to wear out

(transitive/intransitive) [strong, inseparable, takes **haben/sein**]

PRESENT INDICATIVE

ich verschleiße
du verschleißt
er verschleißt
wir verschleißen
ihr verschleißt
sie verschleißen

PRESENT SUBJUNCTIVE

ich verschleiße
du verschleißest
er verschleiße
wir verschleißen
ihr verschleißet
sie verschleißen

IMPERFECT INDICATIVE

ich verschliss
du verschlisst
er verschliss
wir verschlissen
ihr verschlisst
sie verschlissen

IMPERFECT SUBJUNCTIVE

ich verschlisse
du verschlissest
er verschlisse
wir verschlissen
ihr verschlisset
sie verschlissen

FUTURE INDICATIVE

ich werde verschleißen
du wirst verschleißen
er wird verschleißen
wir werden verschleißen
ihr werdet verschleißen
sie werden verschleißen

CONDITIONAL

ich würde verschleißen
du würdest verschleißen
er würde verschleißen
wir würden verschleißen
ihr würdet verschleißen
sie würden verschleißen

PERFECT INDICATIVE

ich habe **verschlissen***
du hast **verschlissen**
er hat **verschlissen**
wir haben **verschlissen**
ihr habt **verschlissen**
sie haben **verschlissen**

PLUPERFECT SUBJUNCTIVE

ich hätte **verschlissen***
du hättest **verschlissen**
er hätte **verschlissen**
wir hätten **verschlissen**
ihr hättet **verschlissen**
sie hätten **verschlissen**

PRESENT PARTICIPLE

verschleißend

PAST PARTICIPLE

verschlissen

IMPERATIVE

verschleiß(e)! verschleißen wir! verschleißt! verschleißen Sie!
*OR: ich bin/wäre **verschlissen** etc (when intransitive).

verschwinden to disappear (180)

·········· [strong, inseparable, *takes* **sein**] ··········

PRESENT INDICATIVE	PRESENT SUBJUNCTIVE
ich verschwinde	ich verschwinde
du verschwindest	du verschwindest
er verschwindet	er verschwinde
wir verschwinden	wir verschwinden
ihr verschwindet	ihr verschwindet
sie verschwinden	sie verschwinden

IMPERFECT INDICATIVE	IMPERFECT SUBJUNCTIVE
ich verschwand	ich verschwände
du verschwand(e)st	du verschwändest
er verschwand	er verschwände
wir verschwanden	wir verschwänden
ihr verschwandet	ihr verschwändet
sie verschwanden	sie verschwänden

FUTURE INDICATIVE	CONDITIONAL
ich werde verschwinden	ich würde verschwinden
du wirst verschwinden	du würdest verschwinden
er wird verschwinden	er würde verschwinden
wir werden verschwinden	wir würden verschwinden
ihr werdet verschwinden	ihr würdet verschwinden
sie werden verschwinden	sie würden verschwinden

PERFECT INDICATIVE	PLUPERFECT SUBJUNCTIVE
ich bin verschwunden	ich wäre verschwunden
du bist verschwunden	du wär(e)st verschwunden
er ist verschwunden	er wäre verschwunden
wir sind verschwunden	wir wären verschwunden
ihr seid verschwunden	ihr wär(e)t verschwunden
sie sind verschwunden	sie wären verschwunden

PRESENT PARTICIPLE	PAST PARTICIPLE
verschwindend	**verschwunden**

IMPERATIVE

verschwind(e)! verschwinden **wir**! verschwindet! verschwinden **Sie**!

181 · verzeihen to pardon
[strong, inseparable, *takes* **haben**]

PRESENT INDICATIVE	PRESENT SUBJUNCTIVE
ich verzeihe	ich verzeihe
du verzeihst	du verzeihest
er verzeiht	er verzeihe
wir verzeihen	wir verzeihen
ihr verzeiht	ihr verzeihet
sie verzeihen	sie verzeihen

IMPERFECT INDICATIVE	IMPERFECT SUBJUNCTIVE
ich verzieh	ich verziehe
du verziehst	du verziehest
er verzieh	er verziehe
wir verziehen	wir verziehen
ihr verzieht	ihr verziehet
sie verziehen	sie verziehen

FUTURE INDICATIVE	CONDITIONAL
ich werde verzeihen	ich würde verzeihen
du wirst verzeihen	du würdest verzeihen
er wird verzeihen	er würde verzeihen
wir werden verzeihen	wir würden verzeihen
ihr werdet verzeihen	ihr würdet verzeihen
sie werden verzeihen	sie würden verzeihen

PERFECT INDICATIVE	PLUPERFECT SUBJUNCTIVE
ich habe verziehen	ich hätte verziehen
du hast verziehen	du hättest verziehen
er hat verziehen	er hätte verziehen
wir haben verziehen	wir hätten verziehen
ihr habt verziehen	ihr hättet verziehen
sie haben verziehen	sie hätten verziehen

PRESENT PARTICIPLE	PAST PARTICIPLE
verzeihend	verziehen

IMPERATIVE
verzeih(e)! verzeihen wir! verzeiht! verzeihen Sie!

wachsen* to grow

[strong, *takes* **sein**]

PRESENT INDICATIVE	PRESENT SUBJUNCTIVE
ich wachse	ich wachse
du **wächst**	du wachsest
er **wächst**	er wachse
wir wachsen	wir wachsen
ihr wachst	ihr wachset
sie wachsen	sie wachsen

IMPERFECT INDICATIVE	IMPERFECT SUBJUNCTIVE
ich **wuchs**	ich **wüchse**
du **wuchsest**	du **wüchsest**
er **wuchs**	er **wüchse**
wir **wuchsen**	wir **wüchsen**
ihr **wuchst**	ihr **wüchset**
sie **wuchsen**	sie **wüchsen**

FUTURE INDICATIVE	CONDITIONAL
ich werde wachsen	ich würde wachsen
du wirst wachsen	du würdest wachsen
er wird wachsen	er würde wachsen
wir werden wachsen	wir würden wachsen
ihr werdet wachsen	ihr würdet wachsen
sie werden wachsen	sie würden wachsen

PERFECT INDICATIVE	PLUPERFECT SUBJUNCTIVE
ich bin **gewachsen**	ich wäre **gewachsen**
du bist **gewachsen**	du wär(e)st **gewachsen**
er ist **gewachsen**	er wäre **gewachsen**
wir sind **gewachsen**	wir wären **gewachsen**
ihr seid **gewachsen**	ihr wär(e)t **gewachsen**
sie sind **gewachsen**	sie wären **gewachsen**

PRESENT PARTICIPLE	PAST PARTICIPLE
wachsen**d**	**gewachsen**

IMPERATIVE
wachs(e)! wachsen wir! wachst! wachsen Sie!

*Conjugated as a weak verb when the meaning is "to wax".

183 wägen to ponder
···· [strong, *takes* haben] ····

PRESENT INDICATIVE	PRESENT SUBJUNCTIVE
ich wäge	ich wäge
du wägst	du wägest
er wägt	er wäge
wir wägen	wir wägen
ihr wägt	ihr wäget
sie wägen	sie wägen

IMPERFECT INDICATIVE	IMPERFECT SUBJUNCTIVE
ich wog	ich wöge
du wogst	du wögest
er wog	er wöge
wir wogen	wir wögen
ihr wogt	ihr wöget
sie wogen	sie wögen

FUTURE INDICATIVE	CONDITIONAL
ich werde wägen	ich würde wägen
du wirst wägen	du würdest wägen
er wird wägen	er würde wägen
wir werden wägen	wir würden wägen
ihr werdet wägen	ihr würdet wägen
sie werden wägen	sie würden wägen

PERFECT INDICATIVE	PLUPERFECT SUBJUNCTIVE
ich habe gewogen	ich hätte gewogen
du hast gewogen	du hättest gewogen
er hat gewogen	er hätte gewogen
wir haben gewogen	wir hätten gewogen
ihr habt gewogen	ihr hättet gewogen
sie haben gewogen	sie hätten gewogen

PRESENT PARTICIPLE	PAST PARTICIPLE
wägend	gewogen

IMPERATIVE
wäg(e)! wägen wir! wägt! wägen Sie!

wandern to roam (184)

.... [weak, *takes* sein] ....

PRESENT INDICATIVE	PRESENT SUBJUNCTIVE

ich wand(e)re
du wanderst
er wandert
wir wandern
ihr wandert
sie wandern

ich wand(e)re
du wandrest
er wand(e)re
wir wandern
ihr wandert
sie wandern

IMPERFECT INDICATIVE	IMPERFECT SUBJUNCTIVE

ich wanderte
du wandertest
er wanderte
wir wanderten
ihr wandertet
sie wanderten

ich wanderte
du wandertest
er wanderte
wir wanderten
ihr wandertet
sie wanderten

FUTURE INDICATIVE	CONDITIONAL

ich werde wandern
du wirst wandern
er wird wandern
wir werden wandern
ihr werdet wandern
sie werden wandern

ich würde wandern
du würdest wandern
er würde wandern
wir würden wandern
ihr würdet wandern
sie würden wandern

PERFECT INDICATIVE	PLUPERFECT SUBJUNCTIVE

ich bin gewandert
du bist gewandert
er ist gewandert
wir sind gewandert
ihr seid gewandert
sie sind gewandert

ich wäre gewandert
du wär(e)st gewandert
er wäre gewandert
wir wären gewandert
ihr wär(e)t gewandert
sie wären gewandert

PRESENT PARTICIPLE	PAST PARTICIPLE

wandernd

gewandert

IMPERATIVE

wandre! wandern wir! wandert! wandern Sie!

207

185 waschen to wash
···· [strong, *takes* haben] ································

PRESENT INDICATIVE	PRESENT SUBJUNCTIVE
ich wasche	ich wasche
du wäschst	du waschest
er wäscht	er wasche
wir waschen	wir waschen
ihr wascht	ihr waschet
sie waschen	sie waschen

IMPERFECT INDICATIVE	IMPERFECT SUBJUNCTIVE
ich wusch	ich wüsche
du wuschest	du wüschest
er wusch	er wüsche
wir wuschen	wir wüschen
ihr wuscht	ihr wüschet
sie wuschen	sie wüschen

FUTURE INDICATIVE	CONDITIONAL
ich werde waschen	ich würde waschen
du wirst waschen	du würdest waschen
er wird waschen	er würde waschen
wir werden waschen	wir würden waschen
ihr werdet waschen	ihr würdet waschen
sie werden waschen	sie würden waschen

PERFECT INDICATIVE	PLUPERFECT SUBJUNCTIVE
ich habe gewaschen	ich hätte gewaschen
du hast gewaschen	du hättest gewaschen
er hat gewaschen	er hätte gewaschen
wir haben gewaschen	wir hätten gewaschen
ihr habt gewaschen	ihr hättet gewaschen
sie haben gewaschen	sie hätten gewaschen

PRESENT PARTICIPLE	PAST PARTICIPLE
waschend	gewaschen

IMPERATIVE
wasch(e)! waschen wir! wascht! waschen Sie!

weben* to weave

...... [strong, *takes* haben] ......

PRESENT INDICATIVE	PRESENT SUBJUNCTIVE
ich webe	ich webe
du webst	du webest
er webt	er webe
wir weben	wir weben
ihr webt	ihr webet
sie weben	sie weben

IMPERFECT INDICATIVE	IMPERFECT SUBJUNCTIVE
ich wob	ich wöbe
du wob(e)st	du wöbest
er wob	er wöbe
wir woben	wir wöben
ihr wobt	ihr wöbet
sie woben	sie wöben

FUTURE INDICATIVE	CONDITIONAL
ich werde weben	ich würde weben
du wirst weben	du würdest weben
er wird weben	er würde weben
wir werden weben	wir würden weben
ihr werdet weben	ihr würdet weben
sie werden weben	sie würden weben

PERFECT INDICATIVE	PLUPERFECT SUBJUNCTIVE
ich habe gewoben	ich hätte gewoben
du hast gewoben	du hättest gewoben
er hat gewoben	er hätte gewoben
wir haben gewoben	wir hätten gewoben
ihr habt gewoben	ihr hättet gewoben
sie haben gewoben	sie hätten gewoben

PRESENT PARTICIPLE	PAST PARTICIPLE
webend	gewoben

IMPERATIVE

web(e)! weben wir! webt! weben Sie!
This verb is more often weak: webte, gewebt.

187 weichen to yield

···· [strong, *takes* sein] ·············

PRESENT INDICATIVE	PRESENT SUBJUNCTIVE
ich weiche	ich weiche
du weichst	du weichest
er weicht	er weiche
wir weichen	wir weichen
ihr weicht	ihr weichet
sie weichen	sie weichen

IMPERFECT INDICATIVE	IMPERFECT SUBJUNCTIVE
ich wich	ich wiche
du wichst	du wichest
er wich	er wiche
wir wichen	wir wichen
ihr wicht	ihr wichet
sie wichen	sie wichen

FUTURE INDICATIVE	CONDITIONAL
ich werde weichen	ich würde weichen
du wirst weichen	du würdest weichen
er wird weichen	er würde weichen
wir werden weichen	wir würden weichen
ihr werdet weichen	ihr würdet weichen
sie werden weichen	sie würden weichen

PERFECT INDICATIVE	PLUPERFECT SUBJUNCTIVE
ich bin **gewichen**	ich wäre **gewichen**
du bist **gewichen**	du wär(e)st **gewichen**
er ist **gewichen**	er wäre **gewichen**
wir sind **gewichen**	wir wären **gewichen**
ihr seid **gewichen**	ihr wär(e)t **gewichen**
sie sind **gewichen**	sie wären **gewichen**

PRESENT PARTICIPLE	PAST PARTICIPLE
weichend	**gewichen**

IMPERATIVE
weich(e)! weichen **wir**! weicht! weichen **Sie**!

weisen to show

.... [strong, *takes* haben] ....

PRESENT INDICATIVE
ich weise
du weist
er weist
wir weisen
ihr weist
sie weisen

PRESENT SUBJUNCTIVE
ich weise
du weisest
er weise
wir weisen
ihr weiset
sie weisen

IMPERFECT INDICATIVE
ich wies
du wiesest
er wies
wir wiesen
ihr wiest
sie wiesen

IMPERFECT SUBJUNCTIVE
ich wiese
du wiesest
er wiese
wir wiesen
ihr wieset
sie wiesen

FUTURE INDICATIVE
ich werde weisen
du wirst weisen
er wird weisen
wir werden weisen
ihr werdet weisen
sie werden weisen

CONDITIONAL
ich würde weisen
du würdest weisen
er würde weisen
wir würden weisen
ihr würdet weisen
sie würden weisen

PERFECT INDICATIVE
ich habe gewiesen
du hast gewiesen
er hat gewiesen
wir haben gewiesen
ihr habt gewiesen
sie haben gewiesen

PLUPERFECT SUBJUNCTIVE
ich hätte gewiesen
du hättest gewiesen
er hätte gewiesen
wir hätten gewiesen
ihr hättet gewiesen
sie hätten gewiesen

PRESENT PARTICIPLE
weisend

PAST PARTICIPLE
gewiesen

IMPERATIVE
weis(e)! weisen wir! weist! weisen Sie!

189 wenden* to turn
[mixed, takes **haben**]

PRESENT INDICATIVE

ich wende
du wendest
er wendet
wir wenden
ihr wendet
sie wenden

PRESENT SUBJUNCTIVE

ich wende
du wendest
er wende
wir wenden
ihr wendet
sie wenden

IMPERFECT INDICATIVE

ich wandte
du wandtest
er wandte
wir wandten
ihr wandtet
sie wandten

IMPERFECT SUBJUNCTIVE

ich wendete
du wendetest
er wendete
wir wendeten
ihr wendetet
sie wendeten

FUTURE INDICATIVE

ich werde wenden
du wirst wenden
er wird wenden
wir werden wenden
ihr werdet wenden
sie werden wenden

CONDITIONAL

ich würde wenden
du würdest wenden
er würde wenden
wir würden wenden
ihr würdet wenden
sie würden wenden

PERFECT INDICATIVE

ich habe **gewandt**
du hast **gewandt**
er hat **gewandt**
wir haben **gewandt**
ihr habt **gewandt**
sie haben **gewandt**

PLUPERFECT SUBJUNCTIVE

ich hätte **gewandt**
du hättest **gewandt**
er hätte **gewandt**
wir hätten **gewandt**
ihr hättet **gewandt**
sie hätten **gewandt**

PRESENT PARTICIPLE

wendend

PAST PARTICIPLE

gewandt

IMPERATIVE

wend(e)! wenden wir! wendet! wenden Sie!
*This verb is often weak: wendete, gewendet.

212

werben to recruit, to advertise

...... [strong, *takes* haben] ......

PRESENT INDICATIVE

ich werbe
du wirbst
er wirbt
wir werben
ihr werbt
sie werben

PRESENT SUBJUNCTIVE

ich werbe
du werbest
er werbe
wir werben
ihr werbet
sie werben

IMPERFECT INDICATIVE

ich warb
du warbst
er warb
wir warben
ihr warbt
sie warben

IMPERFECT SUBJUNCTIVE

ich würbe
du würbest
er würbe
wir würben
ihr würbet
sie würben

FUTURE INDICATIVE

ich werde werben
du wirst werben
er wird werben
wir werden werben
ihr werdet werben
sie werden werben

CONDITIONAL

ich würde werben
du würdest werben
er würde werben
wir würden werben
ihr würdet werben
sie würden werben

PERFECT INDICATIVE

ich habe geworben
du hast geworben
er hat geworben
wir haben geworben
ihr habt geworben
sie haben geworben

PLUPERFECT SUBJUNCTIVE

ich hätte geworben
du hättest geworben
er hätte geworben
wir hätten geworben
ihr hättet geworben
sie hätten geworben

PRESENT PARTICIPLE

werbend

PAST PARTICIPLE

geworben

IMPERATIVE

wirb! werben wir! werbt! werben Sie!

191 werden to become

······ [strong, *takes* sein] ······

<table>
<tr><td colspan="2">

PRESENT INDICATIVE

ich werde
du wirst
er wird
wir werden
ihr werdet
sie werden

</td><td colspan="2">

PRESENT SUBJUNCTIVE

ich werde
du werdest
er werde
wir werden
ihr werdet
sie werden

</td></tr>
</table>

PRESENT INDICATIVE

ich werde
du wirst
er wird
wir werden
ihr werdet
sie werden

PRESENT SUBJUNCTIVE

ich werde
du werdest
er werde
wir werden
ihr werdet
sie werden

IMPERFECT INDICATIVE

ich wurde
du wurdest
er wurde
wir wurden
ihr wurdet
sie wurden

IMPERFECT SUBJUNCTIVE

ich würde
du würdest
er würde
wir würden
ihr würdet
sie würden

FUTURE INDICATIVE

ich werde werden
du wirst werden
er wird werden
wir werden werden
ihr werdet werden
sie werden werden

CONDITIONAL

ich würde werden
du würdest werden
er würde werden
wir würden werden
ihr würdet werden
sie würden werden

PERFECT INDICATIVE

ich bin **geworden/worden**
du bist **geworden/worden**
er ist **geworden/worden**
wir sind **geworden/worden**
ihr seid **geworden/worden**
sie sind **geworden/worden**

PLUPERFECT SUBJUNCTIVE

ich wäre **geworden/worden**
du wär(e)st **geworden/worden**
er wäre **geworden/worden**
wir wären **geworden/worden**
ihr wär(e)t **geworden/worden**
sie wären **geworden/worden**

PRESENT PARTICIPLE

werdend

PAST PARTICIPLE

geworden/worden*

IMPERATIVE

werde! werden wir! werdet! werden Sie!
*The second form is used in passive constructions.

werfen to throw

[strong, *takes* haben]

PRESENT INDICATIVE	PRESENT SUBJUNCTIVE
ich werfe	ich werfe
du wirfst	du werfest
er wirft	er werfe
wir werfen	wir werfen
ihr werft	ihr werfet
sie werfen	sie werfen

IMPERFECT INDICATIVE	IMPERFECT SUBJUNCTIVE
ich warf	ich würfe
du warfst	du würfest
er warf	er würfe
wir warfen	wir würfen
ihr warft	ihr würfet
sie warfen	sie würfen

FUTURE INDICATIVE	CONDITIONAL
ich werde werfen	ich würde werfen
du wirst werfen	du würdest werfen
er wird werfen	er würde werfen
wir werden werfen	wir würden werfen
ihr werdet werfen	ihr würdet werfen
sie werden werfen	sie würden werfen

PERFECT INDICATIVE	PLUPERFECT SUBJUNCTIVE
ich habe geworfen	ich hätte geworfen
du hast geworfen	du hättest geworfen
er hat geworfen	er hätte geworfen
wir haben geworfen	wir hätten geworfen
ihr habt geworfen	ihr hättet geworfen
sie haben geworfen	sie hätten geworfen

PRESENT PARTICIPLE	PAST PARTICIPLE
werfend	geworfen

IMPERATIVE
wirf! werfen wir! werft! werfen Sie!

193 · wiegen to weigh

····· [strong, *takes* haben] ·····

<table>
<tr><td>PRESENT INDICATIVE</td><td>PRESENT SUBJUNCTIVE</td></tr>
</table>

PRESENT INDICATIVE	PRESENT SUBJUNCTIVE
ich wiege	ich wiege
du wiegst	du wiegest
er wiegt	er wiege
wir wiegen	wir wiegen
ihr wiegt	ihr wieget
sie wiegen	sie wiegen

IMPERFECT INDICATIVE	IMPERFECT SUBJUNCTIVE
ich wog	ich wöge
du wogst	du wögest
er wog	er wöge
wir wogen	wir wögen
ihr wogt	ihr wöget
sie wogen	sie wögen

FUTURE INDICATIVE	CONDITIONAL
ich werde wiegen	ich würde wiegen
du wirst wiegen	du würdest wiegen
er wird wiegen	er würde wiegen
wir werden wiegen	wir würden wiegen
ihr werdet wiegen	ihr würdet wiegen
sie werden wiegen	sie würden wiegen

PERFECT INDICATIVE	PLUPERFECT SUBJUNCTIVE
ich habe gewogen	ich hätte gewogen
du hast gewogen	du hättest gewogen
er hat gewogen	er hätte gewogen
wir haben gewogen	wir hätten gewogen
ihr habt gewogen	ihr hättet gewogen
sie haben gewogen	sie hätten gewogen

PRESENT PARTICIPLE	PAST PARTICIPLE
wiegend	gewogen

IMPERATIVE
wieg(e)! wiegen wir! wiegt! wiegen Sie!

winden to wind
[strong, *takes* haben]

PRESENT INDICATIVE	PRESENT SUBJUNCTIVE
ich winde	ich winde
du windest	du windest
er windet	er winde
wir winden	wir winden
ihr windet	ihr windet
sie winden	sie winden

IMPERFECT INDICATIVE	IMPERFECT SUBJUNCTIVE
ich wand	ich wände
du wandest	du wändest
er wand	er wände
wir wanden	wir wänden
ihr wandet	ihr wändet
sie wanden	sie wänden

FUTURE INDICATIVE	CONDITIONAL
ich werde winden	ich würde winden
du wirst winden	du würdest winden
er wird winden	er würde winden
wir werden winden	wir würden winden
ihr werdet winden	ihr würdet winden
sie werden winden	sie würden winden

PERFECT INDICATIVE	PLUPERFECT SUBJUNCTIVE
ich habe gewunden	ich hätte gewunden
du hast gewunden	du hättest gewunden
er hat gewunden	er hätte gewunden
wir haben gewunden	wir hätten gewunden
ihr habt gewunden	ihr hättet gewunden
sie haben gewunden	sie hätten gewunden

PRESENT PARTICIPLE	PAST PARTICIPLE
windend	gewunden

IMPERATIVE
wind(e)! winden wir! windet! winden Sie!

wissen to know

···· [mixed, *takes* haben] ··························

PRESENT INDICATIVE

ich weiß
du weißt
er weiß
wir wissen
ihr wisst
sie wissen

IMPERFECT INDICATIVE

ich wusste
du wusstest
er wusste
wir wussten
ihr wusstet
sie wussten

FUTURE INDICATIVE

ich werde wissen
du wirst wissen
er wird wissen
wir werden wissen
ihr werdet wissen
sie werden wissen

PERFECT INDICATIVE

ich habe gewusst
du hast gewusst
er hat gewusst
wir haben gewusst
ihr habt gewusst
sie haben gewusst

PRESENT PARTICIPLE

wissend

PRESENT SUBJUNCTIVE

ich wisse
du wissest
er wisse
wir wissen
ihr wisset
sie wissen

IMPERFECT SUBJUNCTIVE

ich wüsste
du wüsstest
er wüsste
wir wüssten
ihr wüsstet
sie wüssten

CONDITIONAL

ich würde wissen
du würdest wissen
er würde wissen
wir würden wissen
ihr würdet wissen
sie würden wissen

PLUPERFECT SUBJUNCTIVE

ich hätte gewusst
du hättest gewusst
er hätte gewusst
wir hätten gewusst
ihr hättet gewusst
sie hätten gewusst

PAST PARTICIPLE

gewusst

IMPERATIVE

wisse! wissen wir! wisset! wissen Sie!

wollen to want
.... [modal, *takes* **haben**] ....
196

PRESENT INDICATIVE	PRESENT SUBJUNCTIVE
ich will	ich wolle
du willst	du wollest
er will	er wolle
wir wollen	wir wollen
ihr wollt	ihr wollet
sie wollen	sie wollen

IMPERFECT INDICATIVE	IMPERFECT SUBJUNCTIVE
ich wollte	ich wollte
du wolltest	du wolltest
er wollte	er wollte
wir wollten	wir wollten
ihr wolltet	ihr wolltet
sie wollten	sie wollten

FUTURE INDICATIVE	CONDITIONAL
ich werde wollen	ich würde wollen
du wirst wollen	du würdest wollen
er wird wollen	er würde wollen
wir werden wollen	wir würden wollen
ihr werdet wollen	ihr würdet wollen
sie werden wollen	sie würden wollen

PERFECT INDICATIVE	PLUPERFECT SUBJUNCTIVE
ich habe gewollt/wollen	ich hätte gewollt/wollen
du hast gewollt/wollen	du hättest gewollt/wollen
er hat gewollt/wollen	er hätte gewollt/wollen
wir haben gewollt/wollen	wir hätten gewollt/wollen
ihr habt gewollt/wollen	ihr hättet gewollt/wollen
sie haben gewollt/wollen	sie hätten gewollt/wollen

PRESENT PARTICIPLE	PAST PARTICIPLE
wollend	gewollt/wollen*

IMPERATIVE
wolle! wollen wir! wollt! wollen Sie!

*The second form is used when combined with an infinitive construction.

197 wringen to wring

[strong, *takes* haben]

<table>
<tr><td colspan="2">PRESENT INDICATIVE</td><td colspan="2">PRESENT SUBJUNCTIVE</td></tr>
<tr><td>ich</td><td>wringe</td><td>ich</td><td>wringe</td></tr>
<tr><td>du</td><td>wringst</td><td>du</td><td>wringest</td></tr>
<tr><td>er</td><td>wringt</td><td>er</td><td>wringe</td></tr>
<tr><td>wir</td><td>wringen</td><td>wir</td><td>wringen</td></tr>
<tr><td>ihr</td><td>wringt</td><td>ihr</td><td>wringet</td></tr>
<tr><td>sie</td><td>wringen</td><td>sie</td><td>wringen</td></tr>
</table>

<table>
<tr><td colspan="2">IMPERFECT INDICATIVE</td><td colspan="2">IMPERFECT SUBJUNCTIVE</td></tr>
<tr><td>ich</td><td>wrang</td><td>ich</td><td>wränge</td></tr>
<tr><td>du</td><td>wrangst</td><td>du</td><td>wrängest</td></tr>
<tr><td>er</td><td>wrang</td><td>er</td><td>wränge</td></tr>
<tr><td>wir</td><td>wrangen</td><td>wir</td><td>wrängen</td></tr>
<tr><td>ihr</td><td>wrangt</td><td>ihr</td><td>wränget</td></tr>
<tr><td>sie</td><td>wrangen</td><td>sie</td><td>wrängen</td></tr>
</table>

<table>
<tr><td colspan="2">FUTURE INDICATIVE</td><td colspan="2">CONDITIONAL</td></tr>
<tr><td>ich</td><td>werde wringen</td><td>ich</td><td>würde wringen</td></tr>
<tr><td>du</td><td>wirst wringen</td><td>du</td><td>würdest wringen</td></tr>
<tr><td>er</td><td>wird wringen</td><td>er</td><td>würde wringen</td></tr>
<tr><td>wir</td><td>werden wringen</td><td>wir</td><td>würden wringen</td></tr>
<tr><td>ihr</td><td>werdet wringen</td><td>ihr</td><td>würdet wringen</td></tr>
<tr><td>sie</td><td>werden wringen</td><td>sie</td><td>würden wringen</td></tr>
</table>

<table>
<tr><td colspan="2">PERFECT INDICATIVE</td><td colspan="2">PLUPERFECT SUBJUNCTIVE</td></tr>
<tr><td>ich</td><td>habe gewrungen</td><td>ich</td><td>hätte gewrungen</td></tr>
<tr><td>du</td><td>hast gewrungen</td><td>du</td><td>hättest gewrungen</td></tr>
<tr><td>er</td><td>hat gewrungen</td><td>er</td><td>hätte gewrungen</td></tr>
<tr><td>wir</td><td>haben gewrungen</td><td>wir</td><td>hätten gewrungen</td></tr>
<tr><td>ihr</td><td>habt gewrungen</td><td>ihr</td><td>hättet gewrungen</td></tr>
<tr><td>sie</td><td>haben gewrungen</td><td>sie</td><td>hätten gewrungen</td></tr>
</table>

<table>
<tr><td>PRESENT PARTICIPLE</td><td>PAST PARTICIPLE</td></tr>
<tr><td>wringend</td><td>gewrungen</td></tr>
</table>

IMPERATIVE

wring(e)! wringen wir! wringt! wringen Sie!

zerstören to destroy

.... [weak, inseparable, *takes* haben] ....

PRESENT INDICATIVE	PRESENT SUBJUNCTIVE
ich zerstöre	ich zerstöre
du zerstörst	du zerstörest
er zerstört	er zerstöre
wir zerstören	wir zerstören
ihr zerstört	ihr zerstöret
sie zerstören	sie zerstören

IMPERFECT INDICATIVE	IMPERFECT SUBJUNCTIVE
ich zerstörte	ich zerstörte
du zerstörtest	du zerstörtest
er zerstörte	er zerstörte
wir zerstörten	wir zerstörten
ihr zerstörtet	ihr zerstörtet
sie zerstörten	sie zerstörten

FUTURE INDICATIVE	CONDITIONAL
ich werde zerstören	ich würde zerstören
du wirst zerstören	du würdest zerstören
er wird zerstören	er würde zerstören
wir werden zerstören	wir würden zerstören
ihr werdet zerstören	ihr würdet zerstören
sie werden zerstören	sie würden zerstören

PERFECT INDICATIVE	PLUPERFECT SUBJUNCTIVE
ich habe zerstört	ich hätte zerstört
du hast zerstört	du hättest zerstört
er hat zerstört	er hätte zerstört
wir haben zerstört	wir hätten zerstört
ihr habt zerstört	ihr hättet zerstört
sie haben zerstört	sie hätten zerstört

PRESENT PARTICIPLE	PAST PARTICIPLE
zerstörend	zerstört

IMPERATIVE
zerstör(e)! zerstören wir! zerstört! zerstören Sie!

ziehen to go/to pull

[strong, *takes* sein/haben]

PRESENT INDICATIVE

ich ziehe
du ziehst
er zieht
wir ziehen
ihr zieht
sie ziehen

PRESENT SUBJUNCTIVE

ich ziehe
du ziehest
er ziehe
wir ziehen
ihr ziehet
sie ziehen

IMPERFECT INDICATIVE

ich zog
du zogst
er zog
wir zogen
ihr zogt
sie zogen

IMPERFECT SUBJUNCTIVE

ich zöge
du zögest
er zöge
wir zögen
ihr zöget
sie zögen

FUTURE INDICATIVE

ich werde ziehen
du wirst ziehen
er wird ziehen
wir werden ziehen
ihr werdet ziehen
sie werden ziehen

CONDITIONAL

ich würde ziehen
du würdest ziehen
er würde ziehen
wir würden ziehen
ihr würdet ziehen
sie würden ziehen

PERFECT INDICATIVE

ich bin/habe gezogen
du bist/hast gezogen
er ist/hat gezogen
wir sind/haben gezogen
ihr seid/habt gezogen
sie sind/haben gezogen

PLUPERFECT SUBJUNCTIVE

ich wäre/hätte gezogen
du wär(e)st/hättest gezogen
er wäre/hätte gezogen
wir wären/hätten gezogen
ihr wär(e)t/hättet gezogen
sie wären/hätten gezogen

PRESENT PARTICIPLE

ziehend

PAST PARTICIPLE

gezogen

IMPERATIVE

zieh(e)! ziehen wir! zieht! ziehen Sie!

zwingen to force

[strong, *takes* haben]

PRESENT INDICATIVE
ich zwinge
du zwingst
er zwingt
wir zwingen
ihr zwingt
sie zwingen

PRESENT SUBJUNCTIVE
ich zwinge
du zwingest
er zwinge
wir zwingen
ihr zwinget
sie zwingen

IMPERFECT INDICATIVE
ich zwang
du zwangst
er zwang
wir zwangen
ihr zwangt
sie zwangen

IMPERFECT SUBJUNCTIVE
ich zwänge
du zwängest
er zwänge
wir zwängen
ihr zwänget
sie zwängen

FUTURE INDICATIVE
ich werde zwingen
du wirst zwingen
er wird zwingen
wir werden zwingen
ihr werdet zwingen
sie werden zwingen

CONDITIONAL
ich würde zwingen
du würdest zwingen
er würde zwingen
wir würden zwingen
ihr würdet zwingen
sie würden zwingen

PERFECT INDICATIVE
ich habe gezwungen
du hast gezwungen
er hat gezwungen
wir haben gezwungen
ihr habt gezwungen
sie haben gezwungen

PLUPERFECT SUBJUNCTIVE
ich hätte gezwungen
du hättest gezwungen
er hätte gezwungen
wir hätten gezwungen
ihr hättet gezwungen
sie hätten gezwungen

PRESENT PARTICIPLE
zwingend

PAST PARTICIPLE
gezwungen

IMPERATIVE
zwing(e)! zwingen wir! zwingt! zwingen Sie!

REFERENCE LIST

All the most used verbs of German are given here with their salient features to show you how to conjugate them. The number accompanying each verb refers you to a verb pattern in the 200 verb tables. Verbs which are themselves featured in the tables appear in bold.
Also included are irregular past participles and other verb parts, cross referred to their infinitive.

Abbreviations

wk	weak verb; see pages 4 and 5
st	strong verb; see pages 4 and 9
mi	mixed verb; see pages 4 and 11
mo	modal verb; see page 4
ins	inseparable verb; see pages 4 and 19, models number 25 (strong) and 26 (weak)
|	placed between prefix and verb indicates a separable verb; see pages 4 and 19, models number 1 (strong) and 4 (weak)
h	conjugated with "haben"; see page 13
s	conjugated with "sein"; see page 13
ge	takes the prefix "ge-" in past participle
acc	accusative case
dat	dative case
gen	genitive case
ptp	past participle
sich	reflexive verb; see page 21
(sich)	verb is sometimes reflexive

ab|arbeiten	*wk*,h,ge	2	ab|bilden	*wk*,h,ge	10
ab|bauen	*wk*,h,ge	4	ab|blenden	*wk*,h,ge	10
ab|berufen	*st*,h	114	ab|brechen	*st*,h/s	2
ptp abberufen			ab|brennen	*mi*,h/s,ge	2
ab|bestellen	*wk*,h	4	ab|bringen	*mi*,h,ge	2
ptp abbestellt			ab|drehen	*wk*,h,ge	
...zahlen	*wk*,h	76	ab|dunkeln	*wk*,h,ge	6
...zahlt			ab|ebben	*wk*,s,ge	
	st,h/s,ge	13	aberkannt ← ab|erkennen		

ab|erkennen	*mi*,h	77	ab|legen	wk,h,ge	4
ab|fahren	st,s,ge	35	ab|lehnen	wk,h,ge	4
ab|fallen	st,s,ge	36	ab|leiten	wk,h,ge	2
ab|fangen	st,h,ge	37	(sich *acc*)		
ab|fassen	wk,h,ge	66	ab|lenken	wk,h,ge	4
ab|fertigen	wk,h,ge	4	ab|lesen	st,h,ge	89
ab|fliegen	st,s,ge	41	ab|leugnen	wk,h,ge	105
ab|fragen	wk,h,ge	4	ab|liefern	wk,h,ge	184
ab|führen	wk,h,ge	4	ab|locken	wk,h,ge	4
ab|geben	st,h,ge	49	ab|lösen	wk,h,ge	103
abgebogen ← ab|biegen			ab|machen	wk,h,ge	4
abgebracht ← ab|bringen			ab|magern	wk,s,ge	184
abgebrannt ← ab|brennen			ab|marschieren	wk,s	165
abgebrochen ← ab|brechen			*ptp* abmarschiert		
abgeflogen ← ab|fliegen			ab|nehmen	st,h,ge	98
abgegangen ← ab|gehen			ab|nutzen	wk,h,ge	74
ab|gehen	st,s,ge	51	abonnieren	wk,h	165
abgeholfen ← ab|helfen			ab|ordnen	wk,h,ge	105
abgelegen ← ab|liegen			ab|raten	st,h,ge	104
abgenommen ← ab|nehmen			ab|rechnen	wk,h,ge	105
abgerissen ← ab|reißen			ab|reisen	wk,s,ge	103
abgesandt ← ab|senden			ab|reißen	st,h,ge	108
abgeschossen ← ab|schießen			ab|rollen	wk,h/s,ge	4
abgeschnitten ← ab|schneiden			ab|sagen	wk,+*dat*,h,ge	4
abgesprochen ← ab|sprechen			ab|schaffen	wk,h,ge	4
abgestritten ← ab|streiten			ab|schalten	wk,h,ge	2
abgetrieben ← ab|treiben			ab|schicken	wk,h,ge	4
abgewichen ← ab|weichen			ab|schießen	st,h,ge	124
abgewiesen ← ab|weisen			ab|schlagen	st,h,ge	126
ab|gewöhnen	wk,h	76	ab|schleifen	st,h,ge	128
ptp abgewöhnt			ab|schließen	st,h,ge	129
abgezogen ← ab|ziehen			(sich *acc*)		
ab|gucken	wk,h,ge	4	ab|schnallen	wk,h,ge	4
ab|hängen	st,h,ge	70	(sich *acc*)		
ab|härten	wk,h,ge	2	ab|schneiden	st,h,ge	133
ab|holen	wk,h,ge	4	ab|schreiben	st,+*dat*,h,ge	118
ab|hören	wk,h,ge	4	ab|schwächen	wk,h,ge	4
ab|kaufen	wk,h,ge	4	(sich *acc*)		
ab|kommen	st,s,ge	81	ab|schrecken	wk,h,ge	4
ab|kürzen	wk,h,ge	74	ab|schwitzen	wk,h,ge	74
ab|laden	st,h,ge	84	ab|sehen	st,h,ge	142
ab|laufen	st,s,ge	86	ab|senden	*mi*,h,ge	144

ab|setzen	wk,h,ge	74
(sich *acc*)		
ab|sperren	wk,h,ge	4
ab|spielen	wk,h,ge	4
ab|sprechen	st,h,ge	152
ab|stechen	st,h,ge	155
ab|steigen	st,s,ge	159
ab|stellen	wk,h,ge	4
ab|stimmen	wk,h,ge	4
ab|stoßen	st,h,ge	162
ab|streiten	st,h,ge	164
ab|stürzen	wk,s,ge	74
ab|stützen	wk,h,ge	74
(sich *acc*)		
ab|tragen	st,h,ge	166
ab|transportieren	wk,h	165
ptp abtransportiert		
ab|treiben	st,h/s,ge	168
ab|trennen	wk,h,ge	4
ab|trocknen	wk,h,ge	105
ab|wandern	wk,s,ge	184
ab|warten	wk,h,ge	2
ab|waschen	st,h,ge	185
ab|wechseln	wk,h,ge	69
(sich *acc*)		
ab|weichen	st,s,ge	187
ab|weisen	st,h,ge	188
ab|werten	wk,h,ge	2
ab|wickeln	wk,h,ge	69
(sich *acc*)		
ab|zahlen	wk,h,ge	4
ab|zapfen	wk,h,ge	4
ab|zehren	wk,h,ge	4
(sich *acc*)		
ab|zeichnen	wk,h,ge	105
(sich *acc*)		
ab|ziehen	st,h/s,ge	199
achten	wk,h,ge	2
ächzen	wk,h,ge	74
addieren	wk,h	165
adressieren	wk,h	165
ahnden	wk,h,ge	106

ähneln	wk,+*dat*,h,ge	6
alarmieren	wk,h	16
altern	wk,s,ge	18
amüsieren	wk,h	16
sich *acc*		
an|bauen	wk,h,ge	
an|befehlen	st,h	
ptp anbefohlen		
an|behalten	st,h	6
ptp anbehalten		
an|bellen	wk,h,ge	
an|beten	wk,h,ge	
an|bieten	st,h,ge	1
an|binden	st,h,ge	1
an|blicken	wk,h,ge	
an|braten	st,h,ge	1
an|brechen	st,h/s,ge	2
an|bremsen	wk,h,ge	10
an|brennen	mi,s,ge	2
ändern	wk,h,ge	18
(sich *acc*)		
an|deuten	wk,h,ge	
an|drehen	wk,h,ge	
anerkannt ← an|erkennen		
an|erkennen	mi,h	7
an|fahren	st,s,ge	3
an|fallen	st,s,ge	3
an|fangen	st,h,ge	3
an|fassen	wk,h,ge	6
an|fechten	st,h,ge	3
an|fertigen	wk,h,ge	
an|geben	st,h,ge	4
angeboten ← an|bieten		
angebrannt ← an|brennen		
angebrochen ← an|brechen		
angebunden ← an|binden		
angefochten ← an|fechten		
angegangen ← an|gehen		
angegriffen ← an|greifen		
an|gehen	st,s,ge	5
an|gehören	wk,h	7
ptp angehört		

...ngeln	wk,h,ge	69	an|schalten	wk,h,ge	2
...ngenommen ← an|nehmen			an|schauen	wk,h,ge	4
...ngeschlossen ← an|schließen			an|schließen	st,h,ge	129
...ngesprochen ← an|sprechen			an|schneiden	st,h,ge	133
...ngestanden ← an|stehen			an|schreien	st,h,ge	135
...ngetrieben ← an|treiben			an|sehen	st,h,ge	142
...ngewiesen ← an|weisen			an|setzen	wk,h,ge	74
...n|gewöhnen	wk,h	76	an|spannen	wk,h,ge	4
ptp angewöhnt			an|sprechen	st,h,ge	152
...ngezogen ← an|ziehen			an|starren	wk,h,ge	4
...n|greifen	st,h,ge	65	an|stecken	wk,h,ge	4
...n|haben	st,h,ge	67	an|stehen	st,h,ge	157
...n|haften	wk,h,ge	2	an|steigen	st,s,ge	159
...n|halten	st,h,ge	68	an|stellen	wk,h,ge	4
...n|heben	st,h,ge	72	an|stiften	wk,h,ge	2
...n|hören	wk,h,ge	4	an|stimmen	wk,h,ge	4
...n|klagen	wk,h,ge	4	an|stoßen	st,s,ge	162
...n|kleiden	wk,h,ge	106	an|strengen	wk,h,ge	4
...n|klopfen	wk,h,ge	4	(sich *acc*)		
...n|kommen	st,s,ge	81	an|treiben	st,h/s,ge	168
...n|kreuzen	wk,h,ge	74	an|treten	st,s,ge	169
...n|kündigen	wk,h,ge	4	antworten	wk,h,ge	2
...n|langen	wk,s,ge	4	an|vertrauen	wk,h	4
...n|legen	wk,h,ge	4	*ptp* anvertraut		
...n|lernen	wk,h,ge	4	an|weisen	st,h,ge	188
...n|machen	wk,h,ge	4	an|wenden	st,h,ge	189
...n|melden	wk,h,ge	106	an|werben	st,h,ge	190
...n|merken	wk,h,ge	4	an|zeigen	wk,h,ge	4
...n|nähen	wk,h,ge	4	an|ziehen	st,h,ge	199
...nnehmen	**st,h,ge**	**1**	an|zünden	wk,h,ge	106
...n|ordnen	wk,h,ge	105	**arbeiten**	**wk,h,ge**	**2**
...n|passen	wk,h,ge	66	ärgern	wk,h,ge	184
(sich *acc*)			aß, äße ← essen		
...n|probieren	wk,h,ge	165	**atmen**	**wk,h,ge**	**3**
...n|rechnen	wk,h,ge	105	auf|bauen	wk,h,ge	4
...n|reden	wk,h,ge	106	auf|bewahren	wk,h	76
...n|regen	wk,h,ge	4	*ptp* aufbewahrt		
...n|reizen	wk,h,ge	74	auf|bleiben	st,s,ge	18
...n|richten	wk,h,ge	2	auf|blühen	wk,s,ge	4
...n|rufen	st,h,ge	114	auf|brechen	st,h,ge	20
...n|rühren	wk,h,ge	4	auf|essen	st,h,ge	34
...n|sagen	wk,h,ge	4	auf|fallen	st,+*dat*,s,ge	36

auf|fangen	*st*,h,ge	37
auf|fassen	*wk*,h,ge	66
auf|fordern	*wk*,h,ge	184
auf|führen	*wk*,h,ge	4
auf|geben	*st*,h,ge	49
aufgeblieben ← auf|bleiben		
aufgebrochen ← auf|brechen		
aufgehoben ← auf|heben		
aufgenommen ← auf|nehmen		
aufgerieben ← auf|reiben		
aufgeschlossen ← auf|schließen		
aufgeschoben ← auf|schieben		
aufgestanden ← auf|stehen		
aufgestiegen ← auf|steigen		
aufgetrieben ← auf|treiben		
aufgewandt ← auf|wenden		
auf|haben	*st*,h,ge	67
auf|hängen	*st*,h,ge	70
auf|heben	*st*,h,ge	72
auf|heitern	*wk*,h,ge	184
auf|hören	*wk*,h,ge	4
auf|klären	*wk*,h,ge	4
auf|lösen	*wk*,h,ge	103
(sich *acc*)		
auf|machen	*wk*,h,ge	4
auf|muntern	*wk*,h,ge	184
auf|nehmen	*st*,h,ge	98
auf|opfern	*wk*,h,ge	184
auf|passen	*wk*,h,ge	66
auf|räumen	*wk*,h,ge	4
aufrecht|erhalten	*st*,h	68
ptp aufrechterhalten		
auf|regen	*wk*,h,ge	4
auf|reiben	*st*,h,ge	107
auf|richten	*wk*,h,ge	2
(sich *acc*)		
auf|rufen	*st*,h,ge	114
auf|schieben	*st*,h,ge	123
auf|schließen	*st*,h,ge	129
auf|schreiben	*st*,h,ge	134
auf|sehen	*st*,h,ge	142
auf|setzen	*wk*,h,ge	74

auf|stehen	*st*,s,ge	15
auf|steigen	*st*,s,ge	15
auf|stellen	*wk*,h,ge	
auf|tauchen	*wk*,s,ge	
auf|tauen	*wk*,s,ge	
auf|treiben	*st*,h,ge	1
auf|treten	*st*,s,ge	1
auf|wachen	*wk*,s,ge	
auf|wachsen	*st*,s,ge	18
auf|wärmen	*wk*,h,ge	
auf|wecken	*wk*,h,ge	
auf|zählen	*wk*,h,ge	
auf|zeichnen	*wk*,h,ge	1
auf|ziehen	*st*,h/s,ge	19
aus|arbeiten	*wk*,h,ge	
aus|atmen	*wk*,h,ge	
aus|bauen	*wk*,h,ge	
aus|bessern	*wk*,h,ge	18
aus|beuten	*wk*,h,ge	
aus|bilden	*wk*,h,ge	1
aus|bleiben	*st*,s,ge	
aus|brechen	*st*,h,ge	
aus|breiten	*wk*,h,ge	
(sich *acc*)		
aus|brennen	*mi*,s,ge	2
aus|dehnen	*wk*,h,ge	
aus|denken	*mi*,h,ge	
sich *dat*		
aus|drücken	*wk*,h,ge	
(sich *acc*)		
aus|fallen	*st*,s,ge	
aus|führen	*wk*,h,ge	
aus|geben	*st*,h,ge	4
ausgebrannt ← aus|brennen		
ausgegangen ← aus|gehen		
aus|gehen	*st*,s,ge	
ausgeschnitten ← aus|schneiden		
ausgesprochen ← aus|sprechen		
ausgestiegen ← aus|steigen		
ausgetrunken ← aus|trinken		
ausgewichen ← aus|weichen		
ausgezogen ← aus|ziehen		

aus|gleichen	*st*,h,ge	61
aus|halten	*st*,h,ge	68
aus|helfen	*st*,h,ge	75
aus|kennen	*mi*,h,ge	77
(sich *acc*)		
aus|kleiden	*wk*,h,ge	106
aus|kommen	*st*,s,ge	81
aus|lachen	*wk*,h,ge	4
aus|lassen	*st*,h,ge	85
aus|liefern	*wk*,h,ge	184
aus|lösen	*wk*,h,ge	103
aus|machen	*wk*,h,ge	4
aus|packen	*wk*,h,ge	4
aus|reden	*wk*,h,ge	106
aus|reichen	***wk*,h,ge**	**4**
aus|reisen	*wk*,s,ge	103
aus|rotten	*wk*,h,ge	2
aus|rufen	*st*,h,ge	114
aus|ruhen	*wk*,h,ge	4
sich *acc*		
aus|sagen	*wk*,h,ge	4
aus|schalten	*wk*,h,ge	2
aus|scheiden	*st*,h,ge	133
aus|sehen	*st*,h,ge	142
äußern	*wk*,h,ge	184
(sich *acc*)		
aus|sondern	*wk*,h,ge	184
aus|sortieren	*wk*,h	165
ptp aussortiert		
aus|spannen	*wk*,h,ge	4
aus|sprechen	*st*,h,ge	152
aus|steigen	*st*,s,ge	159
aus|stellen	*wk*,h,ge	4
aus|stoßen	*st*,h,ge	162
aus|suchen	*wk*,h,ge	4
aus|teilen	*wk*,h,ge	4
aus|tragen	*st*,h,ge	166
aus|trinken	*st*,h,ge	170
aus|üben	*wk*,h,ge	4
aus|wählen	*wk*,h,ge	4
aus|wandern	*wk*,s,ge	184
aus|weichen	*st*,+*dat*,s,ge	187

aus|weisen	*st*,h,ge	188
aus|wirken	*wk*,h,ge	4
aus|zahlen	*wk*,h,ge	4
aus|ziehen	*st*,h,ge	199
backen	***st*,h,ge**	**5**
baden	*wk*,h,ge	106
band, bände ← binden		
barg, bärge ← bergen		
barst, bärste ← bersten		
basteln	*wk*,h,ge	69
bat, bäte ← bitten		
bauen	*wk*,h,ge	76
beachten	*wk*,ins,h	2
beanspruchen	*wk*,ins,h	11
beantragen	*wk*,ins,h	11
beantworten	*wk*,ins,h	2
bearbeiten	*wk*,ins,h	2
beaufsichtigen	*wk*,ins,h	11
beauftragen	*wk*,ins,h	11
beben	*wk*,h,ge	76
bedanken	*wk*,ins,h	11
sich *acc*		
bedauern	*wk*,ins,h	184
bedenken	*mi*,ins,h	23
(sich *acc*)		
bedeuten	*wk*,ins,h	2
bedienen	*wk*,ins,h	11
(sich *acc*:+*gen*)		
bedrohen	*wk*,ins,h	11
bedrücken	*wk*,ins,h	11
bedürfen	*mi*,ins,+*gen*,h	28
beeilen	*wk*,ins,h	11
sich *acc*		
beeindrucken	*wk*,ins,h	11
beeinflussen	*wk*,ins,h	11
ptp beeinflusst		
beeinträchtigen	*wk*,ins,h	11
beenden	*wk*,ins,h	106
beerdigen	*wk*,ins,h	11
befähigen	*wk*,ins,h	11
befahl, befähle ← befehlen		
befallen	*st*,ins,h	36

berühren	wk,ins,h	30		betteln	wk,h,ge	69
beschäftigen	wk,ins,h	30		beugen	wk,h,ge	76
(sich acc)				(sich acc)		
bescheren	wk,ins,h	30		beunruhigen	wk,ins,h	11
beschimpfen	wk,ins,h	30		(sich acc)		
beschlagnahmen	wk,ins,h	30		beurlauben	wk,ins,h	11
beschleunigen	wk,ins,h	30		beurteilen	wk,ins,h	11
beschmutzen	wk,ins,h	74		bevölkern	wk,ins,h	184
beschönigen	wk,ins,h	30		bevorzugen	wk,ins,h	11
beschränken	wk,ins,h	30		bewachen	wk,ins,h	11
(sich acc)				bewaffnen	wk,ins,h	105
beschreiben	st,ins,h	134		(sich acc)		
beschweren	wk,ins,h	30		bewahren	wk,ins,h	11
(sich acc)				bewähren	wk,ins,h	11
beschwören	wk,ins,h	30		sich acc		
besichtigen	wk,ins,h	30		bewältigen	wk,ins,h	11
besitzen	st,ins,h	148		bewegen	wk,ins,h	11
besorgen	wk,ins,h	30		(sich acc)		
besprechen	st,ins,h	152		**bewegen**	**st,ins,h**	**12**
bessern	wk,h,ge	184		beweisen	st,ins,h	188
bestätigen	wk,ins,h	30		(sich acc)		
(sich acc)				bewerben	st,ins,h	190
bestehen	st,ins,h	157		sich acc		
bestellen	**wk,ins,h**	**11**		bewirken	wk,ins,h	11
bestimmen	wk,ins,h	11		bewog, bewöge ← bewegen		
bestrafen	wk,ins,h	11		bewohnen	wk,ins,h	11
bestreichen	st,ins,h	163		bewundern	wk,ins,h	184
bestreiten	st,ins,h	164		bezahlen	wk,ins,h	11
besuchen	wk,ins,h	11		bezeichnen	wk,ins,h	105
betäuben	wk,ins,h	11		beziehen	st,ins,h	199
beteiligen	wk,ins,h	11		(sich acc)		
beten	wk,h,ge	2		bezweifeln	wk,ins,h	69
betonen	wk,ins,h	11		bezwingen	st,ins,h	200
betrachten	wk,ins,h	2		**biegen**	**st,h/s,ge**	**13**
betreffen	st,ins,h	167		**bieten**	**st,h,ge**	**14**
betreiben	st,ins,h	168		bilden	wk,h,ge	106
betreten	st,ins,h	169		billigen	wk,h,ge	76
betreuen	wk,ins,h	11		bin ← sein		
betrinken	st,ins,h	170		**binden**	**st,h,ge**	**15**
sich acc				birg, birgt ← bergen		
betrog(en), betröge ← betrügen				birst ← bersten		
betrügen	st,ins,h	171		biss ← beißen		

bist ← sein		
bitten	*st*,h,ge	16
blasen	*st*,h,ge	17
bläst ← blasen		
bleiben	*st*,s,ge	18
blenden	*wk*,h,ge	106
blicken	*wk*,h,ge	76
blieb ← bleiben		
blies ← blasen		
blitzen	*wk*,h,ge	74
blockieren	*wk*,h	165
blühen	*wk*,h,ge	76
bluten	*wk*,h,ge	2
bog, böge ← biegen		
bohren	*wk*,h,ge	76
bot, böte ← bieten		
boykottieren	*wk*,h	165
brach, bräche ← brechen		
brachte, brächte ← bringen		
brannte ← brennen		
brät ← braten		
braten	*st*,h,ge	19
brauchen	*wk*,h,ge	76
brechen	*st*,h/s,ge	20
bremsen	*wk*,h,ge	103
brennen	*mi*,h,ge	21
briet ← braten		
bringen	*mi*,h,ge	22
brüllen	*wk*,h,ge	76
buchen	*wk*,h,ge	76
buchstabieren	*wk*,h	165
bügeln	*wk*,h,ge	69
bürsten	*wk*,h,ge	2
büßen	*wk*,h,ge	66
charakterisieren	*wk*,h	165
dachte, dächte ← denken		
danken	*wk*,+*dat*,h,ge	76
darf ← dürfen		
dar|stellen	*wk*,h,ge	4
dauern	*wk*,h,ge	184
davon|kommen	*st*,s,ge	81

davon|machen	*wk*,h,ge	4
sich *acc*		
dazu|gehören	*wk*,h	76
ptp dazugehört		
decken	*wk*,h,ge	76
(sich *acc*)		
definieren	*wk*,h	165
dehnen	*wk*,h,ge	76
(sich *acc*)		
delegieren	*wk*,h	165
demonstrieren	*wk*,h	165
demütigen	*wk*,h,ge	76
denken	*mi*,h,ge	23
denunzieren	*wk*,h	165
desinfizieren	*wk*,h	165
deuten	*wk*,h,ge	2
dichten	*wk*,h,ge	2
dienen	*wk*,+*dat*,h,ge	76
diktieren	*wk*,h	165
diskutieren	*wk*,h	165
dolmetschen	*wk*,h,ge	76
donnern	*wk*,h/s,ge	184
dramatisieren	*wk*,h	165
drang, dränge ← dringen		
drehen	*wk*,h,ge	76
(sich *acc*)		
dreschen	*st*,h,ge	24
dringen	*st*,s,ge	25
drischt ← dreschen		
drohen	*wk*,+*dat*,h,ge	76
drosch, drösche ← dreschen		
drosseln	*wk*,h,ge	69
drucken	*wk*,h,ge	76
drücken	*wk*,h,ge	76
duften	*wk*,h,ge	2
dulden	*wk*,h,ge	106
durch|bringen	*mi*,h,ge	22
durchfahren	*st*,ins,h	35
durch|fahren	*st*,s,ge	35
durch|führen	*wk*,h,ge	4
durchgebracht ← durch|bringen		
durch|halten	*st*,h,ge	68

durch|kommen	st,s,ge	81
durch|lesen	st,h,ge	89
durchschauen	wk,ins,h	30
durch|schauen	wk,h,ge	4
durchsetzen	**wk,ins,h**	**26**
durch|setzen	**wk,h,ge**	**27**
(sich acc)		
durchsuchen	wk,ins,h	30
durch|suchen	wk,h,ge	4
dürfen	**mo,h,ge**	**28**
durfte ← dürfen		
duschen	wk,h,ge	76
(sich acc)		
ehren	wk,h,ge	76
eignen	wk,h,ge	105
(sich acc)		
eilen	wk,s,ge	76
ein|arbeiten	wk,h,ge	2
(sich acc)		
ein|atmen	wk,h,ge	3
ein|beziehen	st,h	199
ptp einbezogen		
ein|bilden	wk,h,ge	106
sich dat		
ein|brechen	st,h/s,ge	20
ein|bringen	mi,h,ge	22
ein|bürgern	wk,h,ge	184
(sich acc)		
ein|dringen	st,s,ge	25
ein|fallen	st,+dat,s,ge	36
ein|fließen	st,s,ge	43
ein|fühlen	wk,h,ge	4
sich acc		
ein|führen	wk,h,ge	4
eingebracht ← ein|bringen		
eingebrochen ← ein|brechen		
eingegriffen ← ein|greifen		
eingenommen ← ein|nehmen		
eingeschnitten ← ein|schneiden		
eingestanden ← ein|stehen		
ein|gestehen	st,h	157
ptp eingestanden		

eingetroffen ← ein|treffen		
ein|greifen	st,h,ge	65
ein|halten	st,h,ge	68
ein|hängen	wk,h,ge	70
einigen	wk,h,ge	76
(sich acc)		
ein|kaufen	wk,h,ge	4
ein|laden	st,h,ge	84
ein|lassen	st,h,ge	85
(sich acc)		
ein|laufen	st,s,ge	86
ein|leben	wk,h,ge	4
ein|leiten	wk,h,ge	2
ein|mischen	wk,h,ge	4
sich acc		
ein|nehmen	st,h,ge	98
ein|ordnen	wk,h,ge	105
(sich acc)		
ein|reden	wk,h,ge	106
ein|richten	wk,h,ge	2
(sich acc)		
ein|schalten	wk,h,ge	2
(sich acc)		
ein|schenken	wk,h,ge	4
ein|schlafen	st,s,ge	125
ein|schließen	st,h,ge	124
ein|schränken	wk,h,ge	4
(sich acc)		
ein|schüchtern	wk,h,ge	184
ein|sehen	st,h,ge	142
ein|setzen	wk,h,ge	74
(sich acc)		
ein|sperren	wk,h,ge	4
ein|stehen	st,s,ge	157
ein|steigen	st,s,ge	159
ein|stellen	wk,h,ge	4
(sich acc)		
ein|stürzen	wk,s,ge	74
ein|teilen	wk,h,ge	4
ein|tragen	st,h,ge	166
(sich acc)		
ein|treffen	st,s,ge	167

ein|treten	*st,s,ge*	169
ein|wandern	*wk,s,ge*	184
ein|weichen	*st,h,ge*	187
ein|weihen	*wk,h,ge*	4
ein|wenden	*mi,h,ge*	106
ein|willigen	*wk,h,ge*	4
ein|ziehen	*st,h/s,ge*	199
ekeln	*wk,h,ge*	69
(sich *acc*)		
empfahl, empfähle ← empfehlen		
empfangen	*st,ins,h*	37
empfehlen	***st,ins,h***	**29**
empfiehlst, empfiehlt ←		
empfehlen		
empfinden	*st,ins,h*	39
empfohlen ← empfehlen		
empfunden ← empfinden		
empören	*wk,ins,h*	30
(sich *acc*)		
empor|kommen	*st,s,ge*	81
enden	*wk,h,ge*	106
entbehren	*wk,ins,+gen,h*	30
entbinden	*st,ins,h*	15
entblößen	*wk,ins,h*	30
entbunden ← entbinden		
entdecken	***wk,ins,h***	**86**
entfallen	*st,ins,h*	36
entfernen	*wk,ins,h*	30
(sich *acc*)		
entführen	*wk,ins,h*	30
entgegen|kommen	*st,s,ge*	81
enthalten	*st,ins,h*	68
entkommen	*st,ins,s*	81
entlassen	*st,ins,h*	85
entlaufen	*st,ins,s*	86
entledigen	*wk,ins,h*	30
(sich *acc*)		
entleihen	*st,ins,h*	88
entmutigen	*wk,ins,h*	30
entnehmen	*st,ins,h*	98
entnommen ← entnehmen		
entreißen	*st,ins,h*	108

entrissen ← entreißen		
entscheiden	*st,ins,h*	119
entschieden ← entscheiden		
entschließen	*st,ins,h*	129
sich *acc*		
entschlossen ← entschließen		
entschuldigen	*wk,ins,h*	30
(sich *acc*)		
entspannen	*wk,ins,h*	30
(sich *acc*)		
entsprechen	*st,ins,+dat,h*	152
entsprochen ← entsprechen		
entstand, entstanden ← entstehen		
entstehen	*st,ins,s*	157
enttäuschen	*wk,ins,h*	30
entwickeln	*wk,ins,h*	69
(sich *acc*)		
entziehen	*st,ins,h*	199
(sich *acc*)		
entzog, entzogen ← entziehen		
erarbeiten	*wk,ins,h*	2
erben	*wk,h,ge*	76
erdulden	*wk,ins,h*	106
ereignen	*wk,ins,h*	105
sich *acc*		
erfahren	*st,ins,h*	35
erfand ← erfinden		
erfassen	*wk,ins,h*	66
erfinden	*st,ins,h*	39, 29
erfordern	*wk,ins,h*	184, 33
erforschen	*wk,ins,h*	33
erfrieren	*st,ins,s*	46, 29
erfror, erfroren ← erfrieren		
erfuhr ← erfahren		
erfunden ← erfinden		
ergab ← ergeben		
ergangen, erging ← ergehen		
ergänzen	*wk,ins,h*	74
(sich *acc*)		
ergeben	*st,ins,h*	49
(sich *acc*)		
ergehen	*st,ins,s*	51

ergreifen	*st,ins,*h	65	erscheinen	*st,ins,*s	120
ergriff, ergriffen ← ergreifen			erschießen	*st,ins,*h	124
erhalten	*st,ins,*h	68	erschossen ← erschießen		
erheben	*st,ins,*h	72	erschrak, erschräke ←		
(sich *acc*)			erschrecken		
erholen	*wk,ins,*h	33	erschrecken	*st,ins,*s	32
sich *acc*			**erschrecken**	**wk,ins,h**	**32**
erinnern	*wk,ins,*h	184	erschrickt, erschrocken ←		
(sich *acc:+gen*)			erschrecken		
erkälten	*wk,ins,*h	2	erstaunen	*wk,ins,*h/s	33
sich *acc*			ersticken	*wk,ins,*h/s	33
erkannte, erkannt ← erkennen			erteilen	*wk,ins,*h	33
erkennen	*mi,ins,*h	77	ertragen	*st,ins,*h	166
erklären	*wk,ins,*h	33	ertrug ← ertragen		
erklimmen	*st,ins,*h	78	erwachen	*wk,ins,*s	33
erklomm, erklommen ←			erwähnen	*wk,ins,*h	33
erklimmen			erwarten	*wk,ins,*h	2
erkundigen	*wk,ins,*h	33	**erzählen**	**wk,ins,h**	**33**
sich *acc*			erzeugen	*wk,ins,*h	33
erlauben	*wk,ins,*h	33	**essen**	**st,h,ge**	**34**
erleben	*wk,ins,*h	33	fabrizieren	*wk,*h	165
erledigen	*wk,ins,*h	33	**fahren**	**st,h/s,ge**	**35**
erlernen	*wk,ins,*h	33	fährt ← fahren		
erlischt, erlosch ← erlöschen			**fallen**	**st,s,ge**	**36**
erlöschen	**st,ins,s**	**31**	fällst, fällt ← fallen		
ermahnen	*wk,ins,*h	33	falten	*wk,*h,ge	2
ermitteln	*wk,ins,*h	69	fand, fände ← finden		
ermorden	*wk,ins,*h	106	**fangen**	**st,h,ge**	**37**
ernähren	*wk,ins,*h	33	fängt ← fangen		
(sich *acc*)			färben	*wk,*h,ge	76
ernannte, ernannt ← ernennen			(sich *acc*)		
ernennen	*mi,ins,*h	99	fassen	*wk,*h,ge	66
erneuern	*wk,ins,*h	184	faulenzen	*wk,*h,ge	74
ernten	*wk,*h,ge	2	faxen	*wk,*h,ge	74
erobern	*wk,ins,*h	184	**fechten**	**st,h,ge**	**38**
eröffnen	*wk,ins,*h	105	fehlen	*wk,+dat,*h,ge	76
erörtern	*wk,ins,*h	184	feiern	*wk,*h,ge	184
erregen	*wk,ins,*h	33	fern|sehen	*st,*h,ge	142
(sich *acc*)			fertigen	*wk,*h,ge	76
erreichen	*wk,ins,*h	33	fest|halten	*st,*h,ge	68
errichten	*wk,ins,*h	2	fest|stellen	*wk,*h,ge	4
erröten	*wk,ins,*s	2	fichst, ficht ← fechten		

fiel ← fallen		
filmen	wk,h,ge	76
finden	st,h,ge	39
fing ← fangen		
fischen	wk,h,ge	76
flechten	st,h,ge	40
flichst, flicht ← flechten		
fliegen	st,h/s,ge	41
fliehen	st,s,ge	42
fließen	st,h,ge	43
flocht, flöchte ← flechten		
flog, flöge ← fliegen		
floh, flöhe ← fliehen		
floss, flösse ← fließen		
flüstern	wk,h,ge	184
focht, föchte ← fechten		
folgen	wk,+dat,h,ge	76
foltern	wk,h,ge	184
fordern	wk,h,ge	184
fördern	wk,h,ge	184
forschen	wk,h,ge	76
fort|führen	wk,h,ge	4
fort|laufen	st,s,ge	86
fort|pflanzen sich acc	wk,h,ge	74
fort|setzen	wk,h,ge	74
fotografieren	wk,h	165
fragen	wk,h,ge	76
fraß, fräße ← fressen		
freigesprochen ← frei|sprechen		
frei|sprechen	st,h,ge	152
fressen	st,h,ge	44
freuen sich acc	wk,h,ge	45
frieren	st,h/s,ge	46
frisst ← fressen		
fror, fröre ← frieren		
frühstücken	wk,h,ge	76
fühlen (sich acc)	wk,h,ge	76
fuhr, führe ← fahren		
führen	wk,h,ge	76

füllen	wk,h,ge	76
fürchten	wk,h,ge	2
füttern	wk,h,ge	184
gab, gäbe ← geben		
gähnen	wk,h,ge	76
galt, gälte ← gelten		
garantieren	wk,h	165
gären	st,h/s,ge	47
gebar, gebäre ← gebären		
gebären	st,h	48
geben	st,h,ge	49
gebeten ← bitten		
gebissen ← beißen		
geblichen ← bleichen		
geblieben ← bleiben		
gebogen ← biegen		
geboren ← gebären		
geborgen ← bergen		
geborsten ← bersten		
geboten ← bieten		
gebracht ← bringen		
gebrannt ← brennen		
gebrauchen	wk,ins,h	52
gebrochen ← brechen		
gebunden ← binden		
gedacht ← denken		
gedeihen	st,ins,s	50
gedroschen ← dreschen		
gedrungen ← dringen		
gedurft ← dürfen		
gefallen	st,ins,+dat,h	36
geflochten ← flechten		
geflogen ← fliegen		
geflohen ← fliehen		
geflossen ← fließen		
gefochten ← fechten		
gefrieren	st,ins,s	46
gefroren ← frieren, gefrieren		
gefunden ← finden		
gegangen ← gehen		
gegessen ← essen		

geglichen ← gleichen
geglitten ← gleiten
geglommen ← glimmen
gegolten ← gelten
gegossen ← gießen
gegriffen ← greifen
gehen   **st,s,ge** 51
gehoben ← heben
geholfen ← helfen
gehorchen   **wk,ins,+dat,h** 52
gehören   **wk,ins,+dat,h** 26
gekannt ← kennen
geklommen ← klimmen
geklungen ← klingen
gekniffen ← kneifen
gekonnt ← können
gekrochen ← kriechen
gelang, gelänge ← gelingen
gelangen   **wk,ins,s** 52
gelegen ← liegen
geliehen ← leihen
gelingen   **st,ins,+dat,s** 53
gelitten ← leiden
gelogen ← lügen
gelten   **st,h,ge** 54
gelungen ← gelingen
gemieden ← meiden
gemocht ← mögen
gemusst ← müssen
genannt ← nennen
genas, genäse ← genesen
genesen   **st,ins,s** 55
genießen   **st,ins,h** 56
genommen ← nehmen
genoss, genösse ← genießen
genügen   **wk,ins,+dat,h** 52
gepfiffen ← pfeifen
gepriesen ← preisen
gequollen ← quellen
gerannt ← rennen
geraten   **st,ins,+dat,s** 57
gerieben ← reiben

gerissen ← reißen
geritten ← reiten
gerochen ← riechen
gerungen ← ringen
gesandt ← senden
geschah, geschähe ← geschehen
geschehen   **st,ins,s** 58
geschieden ← scheiden
geschieht ← geschehen
geschienen ← scheinen
geschlichen ← schleichen
geschliffen ← schleifen
geschlossen ← schließen
geschlungen ← schlingen
geschmissen ← schmeißen
geschmolzen ← schmelzen
geschnitten ← schneiden
geschoben ← schieben
gescholten ← schelten
geschoren ← scheren
geschossen ← schießen
geschrieben ← schreiben
geschrie(e)n ← schreien
geschritten ← schreiten
geschwiegen ← schweigen
geschwollen ← schwellen
geschwommen ← schwimmen
geschworen ← schwören
geschwunden ← schwinden
geschwungen ← schwingen
gesessen ← sitzen
gesoffen ← saufen
gesogen ← saugen
gesonnen ← sinnen
gespie(e)n ← speien
gesponnen ← spinnen
gesprochen ← sprechen
gesprossen ← sprießen
gesprungen ← springen
gestanden ← stehen
gestatten   wk,ins,h 2
gestiegen ← steigen

gestochen ← stechen
gestohlen ← stehlen
gestorben ← sterben
gestoßen ← stoßen
gestrichen ← streichen
gestritten ← streiten
gestunken ← stinken
gesungen ← singen
gesunken ← sinken
getan ← tun
getragen ← tragen
getrieben ← treiben
getroffen ← treffen
getrunken ← trinken
gewandt ← wenden
gewann, gewänne ← gewinnen
gewesen ← sein
gewichen ← weichen
gewiesen ← weisen
gewinnen   **st,ins,h**   59
gewogen ← wiegen
gewöhnen   wk,ins,h   52
  (sich acc)
gewonnen, gewönne ← gewinnen
geworben ← werben
geworden ← werden
geworfen ← werfen
gewunden ← winden
gewusst ← wissen
gezogen ← ziehen
gezwungen ← zwingen
gib, gibt ← geben
gießen   **st,h,ge**   60
gilt ← gelten
ging ← gehen
glänzen   wk,h,ge   74
glauben   wk,h,ge   76
gleichen   **st,+dat,h,ge**   61
gleiten   **st,s,ge**   62
glich ← gleichen
glimmen   **st,h,ge**   63
glitt ← gleiten

glomm, glömme ← glimmen
glühen   wk,h,ge   7⋯
goss, gösse ← gießen
graben   **st,h,ge**   6⋯
gräbt ← graben
gratulieren   wk,+dat,h   16⋯
greifen   **st,h,ge**   6⋯
griff ← greifen
grenzen   wk,h,ge   7⋯
grub, grübe ← graben
grüßen   **wk,h,ge**   6⋯
gucken   wk,h,ge   7⋯
haben   **st,h,ge**   6
haften   wk,h,ge
häkeln   wk,h,ge   6⋯
half, hälfe ← helfen
hält ← halten
halten   **st,h,ge**   6⋯
  (sich acc)
hämmern   wk,h,ge   18
handeln   **wk,h,ge**   6
hängen   **st,h,ge**   7⋯
hängen   wk,h,ge   7⋯
hassen   wk,h,ge   6⋯
hauen   **st,h,ge**   7
heben   **st,h,ge**   7⋯
heilen   wk,h,ge   7⋯
heim|kehren   wk,s,ge
heiraten   wk,h,ge
heißen   **st,h,ge**   7
heizen   **wk,h,ge**   7
helfen   **st,+dat,h,ge**   7⋯
heran|fahren   st,s,ge   3
heraus|fordern   wk,h,ge   18
heraus|geben   st,h,ge   4
heraus|stellen   wk,h,ge
her|geben   st,h,ge   4
herrschen   wk,h,ge   7⋯
her|stellen   wk,h,ge
herumgegangen ← herum|gehen
herum|gehen   st,s,ge   5
hervorgegangen ← hervor|gehen

hervor|gehen	*st,s,*ge	51
hervor|rufen	*st,*h,ge	114
hervor|treten	*st,s,*ge	169
hetzen	*wk,*h,ge	74
heucheln	*wk,*h,ge	69
heulen	*wk,*h,ge	76
hieb ← hauen		
hielt ← halten		
hieß ← heißen		
hilfst, hilft ← helfen		
hinaus|fahren	*st,s,*ge	35
hinausgegangen ← hinaus|gehen		
hinaus|gehen	*st,s,*ge	51
hinausgeworfen ← hinaus|werfen		
hinaus|werfen	*st,*h,ge	192
hindern	*wk,*h,ge	184
hin|fallen	*st,s,*ge	36
hin|führen	*wk,*h,ge	4
hing ← hängen		
hin|geben	*st,*h,ge	49
(sich *acc*)		
hingenommen ← hin|nehmen		
hingewiesen ← hin|weisen		
hinken	*wk,*h/s,*ge	76
hin|kommen	*st,s,*ge	81
hin|kriegen	*wk,*h,ge	4
hin|legen	*wk,*h,ge	4
hin|nehmen	*st,*h,ge	98
hinter|lassen	*st,*h,ge	85
hinweg|setzen	*wk,*h/s,*ge	74
(sich *acc*)		
hin|weisen	*st,*h,ge	188
hinzu|fügen	*wk,*h,ge	4
hob ← heben		
hocken	*wk,*h,ge	76
(sich *acc*)		
hoffen	*wk,*h,ge	76
holen	***wk,*h,ge**	**76**
holpern	*wk,s,*ge	184
horchen	*wk,*h,ge	76
hören	*wk,*h,ge	76

hungern	*wk,*h	184
(sich *acc*)		
hüpfen	*wk,s,*ge	76
husten	*wk,*h,ge	2
hüten	*wk,*h,ge	2
(sich *acc*)		
identifizieren	*wk,*h	165
(sich *acc*)		
ignorieren	*wk,*h	165
imitieren	*wk,*h	165
impfen	*wk,*h,ge	76
informieren	*wk,*h	165
(sich *acc*)		
inne|haben	*st,*h,ge	67
inspirieren	*wk,*h	165
inszenieren	*wk,*h	165
interessieren	*wk,*h	165
(sich *acc*)		
interviewen	*wk,*h	30
investieren	*wk,*h	165
irre|führen	*wk,*h,ge	4
irren	*wk,*h,ge	45
(sich *acc*)		
isst ← essen		
ist ← sein		
jagen	*wk,*h,ge	76
jammern	*wk,*h,ge	184
jubeln	*wk,*h,ge	69
jucken	*wk,*h,ge	76
kalkulieren	*wk,*h	165
kam, käme ← kommen		
kämmen	*wk,*h,ge	76
(sich *acc*)		
kämpfen	*wk,*h,ge	76
kann, kannst ← können		
kannte ← kennen		
kapieren	*wk,*h	165
kassieren	*wk,*h	165
kauen	*wk,*h,ge	76
kaufen	*wk,*h,ge	76
kehren	*wk,*h,ge	76
(sich *acc*)		

keimen	*wk*,h,ge	76	kränken	*wk*,h,ge	76
kennen	***mi*,h,ge**	77	kratzen	*wk*,h,ge	74
kennzeichnen	*wk*,h,ge	105	kreisen	*wk*,h/s,ge	103
keuchen	*wk*,h,ge	76	kreuzen	*wk*,h,ge	74
kichern	*wk*,h,ge	184	**kriechen**	***st*,s,ge**	83
kitzeln	*wk*,h,ge	69	kriegen	*wk*,h,ge	76
klagen	*wk*,h,ge	76	kritisieren	*wk*,h	165
klar|machen	*wk*,h,ge	4	kroch, kröche ← kriechen		
klatschen	*wk*,h,ge	76	kühlen	*wk*,h,ge	76
klauen	*wk*,h,ge	76	kultivieren	*wk*,h	165
kleben	*wk*,h,ge	76	kümmern	*wk*,h,ge	76
kleiden	*wk*,h,ge	106	(sich *acc*)		
klettern	*wk*,h,ge	184	kürzen	*wk*,h,ge	74
klimmen	***st*,s,ge**	78	küssen	*wk*,h,ge	66
klingeln	*wk*,h,ge	69	lächeln	*wk*,h,ge	69
klingen	***st*,h,ge**	79	lachen	*wk*,h,ge	76
klomm, klömme ← klimmen			**laden**	***st*,h,ge**	84
klopfen	*wk*,h,ge	76	lädt ← laden		
knabbern	*wk*,h,ge	184	lag, läge ← liegen		
knallen	*wk*,h,ge	76	lagern	*wk*,h,ge	184
kneifen	***st*,h,ge**	80	(sich *acc*)		
knien	*wk*,h,ge	76	lähmen	*wk*,h,ge	76
kniff ← kneifen			landen	*wk*,s,ge	106
knistern	*wk*,h,ge	184	langweilen	*wk*,h,ge	76
knoten	*wk*,h,ge	2	(sich *acc*)		
knüpfen	*wk*,h,ge	76	las, läse ← lesen		
kochen	*wk*,h,ge	76	**lassen**	***st*,h,ge**	85
kommandieren	*wk*,h	165	lässt ← lassen		
kommen	***st*,s,ge**	81	**laufen**	***st*,s,ge**	86
kommentieren	*wk*,h	165	lauschen	*wk*,h,ge	76
konfrontieren	*wk*,h	165	leben	*wk*,h,ge	76
können	***mo*,h,ge**	82	lecken	*wk*,h,ge	76
konnte, könnte ← können			leeren	*wk*,h,ge	76
kontrollieren	*wk*,h	165	legen	*wk*,h,ge	76
konzentrieren	*wk*,h	165	lehnen	*wk*,h,ge	76
(sich *acc*)			(sich *acc*)		
kopieren	*wk*,h	165	lehren	*wk*,h,ge	76
korrespondieren	*wk*,h	165	**leiden**	***st*,h,ge**	87
korrigieren	*wk*,h	165	**leihen**	***st*,h,ge**	88
kosten	*wk*,h,ge	2	leisten	*wk*,h,ge	2
krähen	*wk*,h,ge	76	leiten	*wk*,h,ge	2
kranken	*wk*,h,ge	76	lenken	*wk*,h,ge	76

lernen	wk,h,ge	76
lesen	**st,h,ge**	**89**
leuchten	wk,h,ge	2
leugnen	wk,h,ge	105
lieben	wk,h,ge	76
lief ← laufen		
liefern	wk,h,ge	184
liegen	**st,h,ge**	**90**
lieh ← leihen		
liest ← lesen		
ließ ← lassen		
lischt ← löschen		
litt ← leiden		
loben	wk,h,ge	76
locken	wk,h,ge	76
lockern	wk,h,ge	184
log, löge ← lügen		
lohnen	wk,h,ge	76
löschen	wk,h,ge	76
lud, lüde ← laden		
lüften	wk,h,ge	2
lügen	**st,h,ge**	**91**
lutschen	wk,h,ge	76
machen	wk,h,ge	76
mag ← mögen		
mähen	wk,h,ge	76
mahlen	**st,h,ge**	**92**
malen	wk,h,ge	76
marschieren	wk,h	165
martern	wk,h,ge	184
maß ← messen		
meckern	wk,h,ge	184
meiden	**st,h,ge**	**93**
meinen	wk,h,ge	76
meistern	wk,h,ge	184
melden	wk,h,ge	106
merken	wk,h,ge	76
(sich *dat*)		
messen	**st,h,ge**	**94**
mied ← meiden		
mieten	wk,h,ge	2
mildern	wk,h,ge	184

mischen	wk,h,ge	76
missbilligen	wk,ins,h	95
missbrauchen	wk,ins,h	95
missen	wk,h,ge	66
misslingen	st,ins,s	53
misst ← messen		
misstrauen	**wk,ins,+dat,h**	**95**
missverstanden ← missverstehen		
missverstehen	st,ins,h	157
mit|bekommen	st,h	81
ptp mitbekommen		
mit|bringen	mi,h,ge	22
mit|fahren	st,s,ge	35
mitgebracht ← mit|bringen		
mitgegangen ← mit|gehen		
mit|gehen	st,s,ge	51
mitgenommen ← mit|nehmen		
mit|kommen	st,s,ge	81
mit|nehmen	st,h,ge	98
mit|teilen	wk,h,ge	4
mit|wirken	wk,h,ge	4
möblieren	wk,h	165
mögen	**mo,h,ge**	**96**
mokieren	wk,h	165
sich *acc*		
münden	wk,s,ge	106
murmeln	wk,h,ge	69
müssen	**mo,h,ge**	**97**
muss(te) ← müssen		
nach|ahmen	wk,h,ge	4
nach|denken	mi,h,ge	23
nach|fragen	wk,h,ge	4
nach|geben	st,h,ge	49
nachgegangen ← nach|gehen		
nach|gehen	st,s,ge	51
nachgesandt ← nach|senden		
nachgewiesen ← nach|weisen		
nach|holen	wk,h,ge	4
nach|lassen	st,h,ge	85
nach|machen	wk,h,ge	4
nach|prüfen	wk,h,ge	4
nach|sehen	st,h,ge	142

nach|senden	*mi*,h,ge	144		pflastern	*wk*,h,ge	184
nach|weisen	*st*,h,ge	188		pflegen	*wk*,h,ge	76
nach|zahlen	*wk*,h,ge	4		pflücken	*wk*,h,ge	76
nähen	*wk*,h,ge	76		pilgern	*wk*,s,ge	184
nähern	*wk*,+*dat*,h,ge	184		plädieren	*wk*,h	165
(sich *acc*)				plagen	*wk*,h,ge	76
nahm, nähme ← nehmen				(sich *acc*)		
nähren	*wk*,h,ge	76		planen	*wk*,h,ge	76
(sich *acc*)				platzen	*wk*,s,ge	74
nannte ← nennen				plaudern	*wk*,h,ge	184
nehmen	***st*,h,ge**	**98**		plündern	*wk*,h,ge	184
neiden	*wk*,h,ge	106		polstern	*wk*,h,ge	184
neigen	*wk*,h,ge	76		prahlen	*wk*,h,ge	76
nennen	***mi*,h,ge**	**99**		praktizieren	*wk*,h	165
nicken	*wk*,h,ge	76		präsentieren	*wk*,h	165
niesen	*wk*,h,ge	103		predigen	*wk*,h,ge	76
nimmst, nimmt ← nehmen				**preisen**	***st*,h,ge**	**101**
nominieren	*wk*,h	165		pressen	*wk*,h,ge	66
nörgeln	*wk*,h,ge	69		pries ← preisen		
nötigen	*wk*,h,ge	76		proben	*wk*,h,ge	76
nutzen	*wk*,h,ge	74		produzieren	*wk*,h	165
nützen	*wk*,h,ge	74		profitieren	*wk*,h	165
offenbaren	*wk*,h,ge	76		prophezeien	*wk*,h	165
öffnen	*wk*,h,ge	105		protestieren	*wk*,h	165
ohrfeigen	*wk*,h,ge	76		prüfen	*wk*,h,ge	76
ölen	*wk*,h,ge	76		prügeln	*wk*,h,ge	69
opfern	*wk*,h,ge	184		(sich *acc*)		
(sich *acc*)				pudern	*wk*,h,ge	184
ordnen	*wk*,h,ge	105		pumpen	*wk*,h,ge	76
orientieren	*wk*,h	165		putschen	*wk*,h,ge	76
(sich *acc*)				putzen	*wk*,h,ge	74
paaren	*wk*,h,ge	76		quälen	*wk*,h,ge	76
(sich *acc*)				(sich *acc*)		
packen	*wk*,h,ge	76		qualifizieren	*wk*,h	165
parken	*wk*,h,ge	76		sich *acc*		
passen	*wk*,+*dat*,h,ge	66		quatschen	*wk*,h,ge	76
passieren	*wk*,s	165		**quellen**	***st*,s,ge**	**102**
pendeln	*wk*,h/s,ge	69		quietschen	*wk*,h,ge	76
pfeffern	*wk*,h,ge	184		quillst, quillt ← quellen		
pfeifen	***st*,h,ge**	**100**		quoll, quölle ← quellen		
pfiff ← pfeifen				rächen	*wk*,h,ge	76
pflanzen	*wk*,h,ge	74		(sich *acc*)		

rang, ränge ← ringen		
rann, ränne ← rinnen		
rannte ← rennen		
rasen	*wk*,s,ge	103
rasieren	*wk*,h	165
rät ← raten		
raten	*st*,h,ge	104
rätseln	*wk*,h,ge	69
rauben	*wk*,h,ge	76
rauchen	*wk*,h,ge	76
räuchern	*wk*,h,ge	184
räuspern	*wk*,h,ge	184
sich *acc*		
reagieren	*wk*,h	165
rechnen	*wk*,h,ge	105
rechtfertigen	*wk*,h,ge	76
reden	*wk*,h,ge	106
referieren	*wk*,h	165
reformieren	*wk*,h	165
regeln	*wk*,h,ge	69
regen	*wk*,h,ge	76
(sich *acc*)		
regieren	*wk*,h	165
regnen	*wk*,h,ge	105
reiben	*st*,h,ge	107
reichen	*wk*,h,ge	76
reifen	*wk*,s,ge	76
reimen	*wk*,h,ge	76
reinigen	*wk*,h,ge	76
reisen	*wk*,s,ge	103
reißen	*st*,h,ge	108
reiten	*st*,h/s,ge	109
reizen	*wk*,h,ge	74
rennen	*mi*,s,ge	110
reparieren	*wk*,h	165
reservieren	*wk*,h	165
resultieren	*wk*,h	165
retten	*wk*,h,ge	2
richten	*wk*,h,ge	2
(sich *acc*)		
rieb ← reiben		
riechen	*st*,h,ge	111

rief ← rufen		
riet ← raten		
ringen	*st*,h,ge	112
rinnen	*st*,s,ge	113
riskieren	*wk*,h	165
riss, risse ← reißen		
roch, röche ← riechen		
rodeln	*wk*,h/s,ge	69
rollen	*wk*,h/s,ge	76
röntgen	*wk*,h,ge	106
rosten	*wk*,h/s,ge	2
rücken	*wk*,s,ge	76
rufen	*st*,h,ge	114
ruhen	*wk*,h,ge	76
rühmen	*wk*,h,ge	76
(sich *acc:+gen*)		
rühren	*wk*,h,ge	76
(sich *acc*)		
runzeln	*wk*,h,ge	69
rutschen	*wk*,s,ge	76
sagen	*wk*,h,ge	76
sah, sähe ← sehen		
salzen	*st*,h,ge	92
sammeln	*wk*,h,ge	69
sandte ← senden		
sang, sänge ← singen		
sank, sänke ← sinken		
sann, sänne ← sinnen		
saß, säße ← sitzen		
satteln	*wk*,h,ge	69
sättigen	*wk*,h,ge	76
säubern	*wk*,h,ge	184
saufen	*st*,h,ge	115
saugen	*st*,h,ge	116
säumen	*wk*,h,ge	76
schaden	*wk*,+dat,h,ge	106
schaffen	*st*,h,ge	117
schaffen	*wk*,h,ge	76
schälen	*wk*,h,ge	76
schallen	*st*,h,ge	118
schalt ← schelten		
schalten	*wk*,h,ge	2

243

schämen	wk,+gen,h,ge	45
sich acc:+gen		
schärfen	wk,h,ge	76
schätzen	wk,h,ge	74
schauen	wk,h,ge	76
schaukeln	wk,h,ge	69
schäumen	wk,h,ge	76
scheiden	**st,h/s,ge**	**119**
scheinen	**st,h,ge**	**120**
scheitern	wk,s,ge	184
schelten	**st,h,ge**	**121**
schenken	wk,h,ge	76
scheren	**st,h,ge**	**122**
scheuen	wk,h,ge	76
(sich acc)		
schicken	wk,h,ge	76
schieben	**st,h,ge**	**123**
schied ← scheiden		
schien ← scheinen		
schießen	**st,h,ge**	**124**
schildern	wk,h,ge	184
schiltst, schilt ← schelten		
schimmeln	wk,h,ge	69
schimpfen	wk,h,ge	76
schlachten	**wk,h,ge**	**2**
schlafen	**st,h,ge**	**125**
schläft ← schlafen		
schlagen	**st,h,ge**	**126**
schlägt ← schlagen		
schlang, schlänge ← schlingen		
schlängeln	wk,h,ge	69
sich acc		
schleichen	**st,s,ge**	**127**
schleifen	**st,h,ge**	**128**
schlendern	wk,s,ge	184
schleudern	wk,h/s,ge	184
schlich ← schleichen		
schlief, schliefe ← schlafen		
schließen	**st,h,ge**	**129**
schliff ← schleifen		
schlingen	**st,h,ge**	**130**
schloss, schlösse ← schließen		

schluchzen	**wk,h,ge**	**74**
schlug, schlüge ← schlagen		
schlüpfen	wk,s,ge	74
schmachten	wk,h,ge	2
schmecken	wk,+dat,h,ge	74
schmeicheln	wk,+dat,h,ge	69
schmeißen	**st,h,ge**	**131**
schmelzen	**st,h,ge**	**132**
schmerzen	wk,h,ge	74
schmieden	wk,h,ge	106
schmilzt ← schmelzen		
schminken	wk,h,ge	76
(sich acc)		
schmiss, schmisse ← schmeißen		
schmolz, schmölze ← schmelzen		
schmuggeln	wk,h,ge	69
schmutzen	wk,h,ge	74
schnarchen	wk,h,ge	76
schnäuzen	wk,h,ge	74
sich acc		
schneiden	**st,h,ge**	**133**
schneidern	wk,h,ge	184
schneien	wk,h/s,ge	76
schnitt(e) ← schneiden		
schnuppern	wk,h,ge	184
schob, schöbe ← schieben		
scholl, schölle ← schallen		
schölte ← schelten		
schonen	wk,h,ge	76
(sich acc)		
schöpfen	wk,h,ge	76
schor, schöre ← scheren		
schoss, schösse ← schießen		
schrauben	wk,h,ge	76
schreiben	**st,h,ge**	**134**
schreien	**st,h,ge**	**135**
schreiten	**st,s,ge**	**136**
schrie(e) ← schreien		
schrieb(e) ← schreiben		
schritt ← schreiten		
schubsen	wk,h,ge	103
schuf, schüfe ← schaffen		

schulden	*wk*,h,ge	106	sichern	*wk*,h,ge	184
schulen	*wk*,h,ge	76	sich *acc*		
schütteln	*wk*,h,ge	69	siegen	*wk*,h,ge	76
schütten	*wk*,h,ge	2	siehst, sieht ← sehen		
schützen	*wk*,h,ge	74	sind ← sein		
schwächen	*wk*,h,ge	76	**singen**	***st*,h,ge**	**145**
schwamm ← schwimmen			**sinken**	***st*,h,ge**	**146**
schwand, schwände ←			**sinnen**	***st*,h,ge**	**147**
schwinden			**sitzen**	***st*,h,ge**	**148**
schwang, schwänge ← schwingen			soff, söffe ← saufen		
schwanken	*wk*,h,ge	76	sog, söge ← saugen		
schwänzen	*wk*,h,ge	74	**sollen**	***mo*,h,ge**	**149**
schwärmen	*wk*,h,ge	76	sonnen	*wk*,h,ge	45
schwatzen	*wk*,h,ge	74	sich *acc*		
schweben	*wk*,h/s,ge	76	sorgen	*wk*,h,ge	76
schweigen	***st*,h,ge**	**137**	(sich *acc*)		
schwellen	***st*,s,ge**	**138**	spann ← spinnen		
schwieg(e) ← schweigen			spannen	*wk*,h,ge	76
schwillst, schwillt ← schwellen			sparen	*wk*,h,ge	76
schwimmen	***st*,s,ge**	**139**	**speien**	***st*,h,ge**	**150**
schwindeln	*wk*,h,ge	69	speisen	*wk*,h,ge	74
schwinden	*st*,s,ge	180	spenden	*wk*,h,ge	106
schwingen	***st*,h,ge**	**140**	sperren	*wk*,h,ge	76
schwitzen	*wk*,h,ge	74	spie(e) ← speien		
schwoll, schwölle ← schwellen			spielen	*wk*,h,ge	76
schwor ← schwören			**spinnen**	***st*,h,ge**	**151**
schwören	***st*,h,ge**	**141**	spönne ← spinnen		
schwüre ← schwören			spotten	*wk*,h,ge	2
segeln	*wk*,h/s,ge	69	sprach, spräche ← sprechen		
segnen	*wk*,h,ge	105	sprang, spränge ← springen		
sehen	***st*,h,ge**	**142**	**sprechen**	***st*,h,ge**	**152**
sehnen	*wk*,h,ge	76	sprengen	*wk*,h,ge	76
sich *acc*			sprichst, spricht ← sprechen		
seid ← sein			**sprießen**	***st*,s,ge**	**153**
sein	***st*,s,ge**	**143**	**springen**	***st*,s,ge**	**154**
senden	***mi*,h,ge**	**144**	spritzen	*wk*,h,ge	74
senken	*wk*,h,ge	76	spross, sprösse ← sprießen		
servieren	*wk*,h	165	sprudeln	*wk*,h/s,ge	69
setzen	*wk*,h,ge	74	spucken	*wk*,h,ge	76
sich *acc*			spülen	*wk*,h,ge	76
seufzen	*wk*,h,ge	74	spüren	*wk*,h,ge	76
			stach, stäche ← stechen		

stahl, stähle ← stehlen		
stammen	wk,h,ge	76
starren	wk,h,ge	76
starten	wk,h/s,ge	2
statt|finden	st,h,ge	39
stattgefunden ← statt|finden		
staunen	wk,h,ge	76
stechen	**st,h,ge**	**155**
stecken	wk,h,ge	76
stecken	**st,h,ge**	**156**
stehen	**st,h,ge**	**157**
stehlen	**st,h,ge**	**158**
steigen	**st,s,ge**	**159**
steigern	wk,h,ge	184
stellen	wk,h,ge	76
stempeln	wk,h,ge	69
sterben	**st,s,ge**	**160**
steuern	wk,h,ge	184
stichst, sticht ← stechen		
sticken	wk,h,ge	76
stieg(e) ← steigen		
stiehlst, stiehlt ← stehlen		
stieß ← stoßen		
stimmen	wk,h,ge	76
stinken	**st,h,ge**	**161**
stirbst, stirbt ← sterben		
stöhnen	wk,h,ge	76
stolpern	wk,s,ge	184
stopfen	wk,h,ge	76
stören	wk,h,ge	76
stoßen	**st,h/s,ge**	**162**
stößt ← stoßen		
strafen	wk,h,ge	76
strahlen	wk,h,ge	76
streben	wk,h,ge	76
streichen	**st,h/s,ge**	**163**
streifen	wk,h/s,ge	76
streiken	wk,h,ge	76
streiten	**st,h,ge**	**164**
streuen	wk,h,ge	76
strich ← streichen		
stricken	wk,h,ge	76

stritt ← streiten		
strömen	wk,s,ge	76
studieren	**wk,h**	**165**
stünde ← stehen		
stürmen	wk,h/s,ge	76
stürzen	wk,h/s,ge	74
(sich *acc*)		
subtrahieren	wk,h	165
suchen	wk,h,ge	76
sündigen	wk,h,ge	76
süßen	wk,h,ge	66
tadeln	wk,h,ge	69
tagen	wk,h,ge	76
tanken	wk,h,ge	76
tanzen	wk,h/s,ge	74
tapezieren	wk,h	165
tarnen	wk,h,ge	76
tat ← tun		
tauchen	wk,h/s,ge	76
tauen	wk,h/s,ge	76
taufen	wk,h,ge	76
taugen	wk,h,ge	76
taumeln	wk,s,ge	69
tauschen	wk,h,ge	76
täuschen	wk,h,ge	76
(sich *acc*)		
teilen	wk,h,ge	76
teil|nehmen	st,h,ge	98
telefonieren	wk,h	165
testen	wk,h,ge	76
tippen	wk,h,ge	76
toasten	wk,h,ge	76
toben	wk,h/s,ge	76
töten	wk,h,ge	
tot|schlagen	st,h,ge	126
trachten	wk,h,ge	76
traf ← treffen		
tragen	**st,h,ge**	**166**
trägt ← tragen		
trank, tränke ← trinken		
trat, träte ← treten		
trauen	wk,+*dat*,h,ge	76

trauern	*wk*,h,ge	184
träumen	*wk*,h,ge	76
treffen	*st*,h,ge	167
(sich *acc***)**		
treiben	*st*,h,ge	168
trennen	*wk*,h,ge	76
(sich *acc*)		
treten	*st*,h/s,ge	169
trieb, triebe ← treiben		
triffst, trifft ← treffen		
trinken	*st*,h,ge	170
trittst, tritt ← treten		
trocknen	*wk*,h/s,ge	105
trog, tröge ← trügen		
trommeln	*wk*,h,ge	69
trösten	*wk*,h,ge	2
(sich *acc*)		
trotzen	*wk*,+*dat*,h,ge	74
trug, trüge ← tragen		
trügen	*st*,h,ge	171
tun	*st*,h,ge	172
turnen	*wk*,h,ge	76
üben	*wk*,h,ge	76
(sich *acc*)		
überanstrengen	*wk*,*ins*,h	30
(sich *acc*)		
überarbeiten	*wk*,*ins*,h	2
überblicken	*wk*,*ins*,h	30
überbrücken	*wk*,*ins*,h	30
überdenken	*st*,*ins*,h	23
übereilen	*wk*,*ins*,h	30
(sich *acc*)		
übereinstimmen	*wk*,*ins*,h	30
überfahren	*st*,*ins*,h	35
überfallen	*st*,*ins*,h	36
überfordern	*wk*,*ins*,h	184
über|führen	*wk*,h,ge	4
überführen	*st*,*ins*,h	30
übergeben	*st*,*ins*,h	49
über|gehen	*st*,s,ge	51
übergehen	*st*,*ins*,h	51
überholen	*wk*,*ins*,h	30

überhören	*wk*,*ins*,h	30
überlassen	*st*,*ins*,h	85
überleben	*wk*,*ins*,h	30
über|legen	*wk*,h,ge	4
überlegen	*wk*,*ins*,h	173
(sich *acc***)**		
übermitteln	*wk*,*ins*,h	69
übernachten	*wk*,*ins*,h	2
übernehmen	*st*,*ins*,h	98
(sich *acc*)		
übernommen ← übernehmen		
überprüfen	*wk*,*ins*,h	30
überraschen	*wk*,*ins*,h	30
überreden	*wk*,*ins*,h	106
überschätzen	*wk*,*ins*,h	74
überschreiten	*st*,*ins*,h	136
überschritten ← überschreiten		
überschwemmen	*wk*,*ins*,h	30
übersehen	*st*,*ins*,h	142
über|setzen	*wk*,h,ge	74
übersetzen	*wk*,*ins*,h	74
über|siedeln	*wk*,s,ge	69
überstanden ← überstehen		
überstehen	*st*,*ins*,h	157
überstürzen	*wk*,*ins*,h	74
übertragen	*st*,*ins*,h	166
übertreiben	*st*,*ins*,h	168
übertrieben ← übertreiben		
überwachen	*wk*,*ins*,h	30
überwältigen	*wk*,*ins*,h	30
überweisen	*st*,*ins*,h	188
über|werfen	*st*,h,ge	192
überwerfen	*st*,*ins*,h	192
(sich *acc*)		
überwiegen	*st*,*ins*,h	193
überwiesen ← überweisen		
überwinden	*st*,*ins*,h	194
überworfen ← überwerfen		
überzeugen	*wk*,*ins*,h	30
um|arbeiten	*wk*,h,ge	2
umbenannt ← um|benennen		
um|benennen	*mi*,h	99

um|blättern	wk,h,ge	4		verabschieden	wk,ins,h	106
um|bringen	st,h,ge	22		(sich *acc*)		
(sich *acc*)				verachten	wk,ins,h	2
um|fallen	st,s,ge	36		verallgemeinern	wk,ins,h	184
umfassen	wk,ins,h	4		veralten	wk,ins,s	2
um|gehen	st,s,ge	51		verändern	wk,ins,h	184
umgehen	st,ins,h	51		veranlassen	wk,ins,h	177
um|gestalten	wk,h	30		veranstalten	wk,ins,h	2
ptp umgestaltet				verantworten	wk,ins,h	2
um|graben	st,h,ge	64		verärgern	wk,ins,h	184
unterhalten	st,ins,h	68		verarzten	wk,ins,h	2
(sich *acc*)				veräußern	wk,ins,h	184
unter|kommen	st,s,ge	81		verbarg ← verbergen		
unterlassen	st,ins,h	85		verbauen	wk,ins,h	177
unterliegen	st,ins,h/s	90		verbergen	st,ins,h	9
unternehmen	st,ins,h	98		verbessern	wk,ins,h	184
unter|ordnen	wk,h,ge	105		verbeugen	wk,ins,h	177
(sich *acc*)				sich *acc*		
unterrichten	wk,ins,h	2		verbieten	st,ins,h	14
(sich *acc*)				verbinden	st,ins,h	15
untersagen	wk,ins,h	30		verbirgst, verbirgt ← verbergen		
unterschätzen	wk,ins,h	74		verblüffen	wk,ins,h	177
unterscheiden	st,ins,h	133		verblühen	wk,ins,s	177
(sich *acc*)				verbluten	wk,ins,s	2
unterschieben	st,ins,h	123		verborgen ← verbergen		
unter|schieben	st,h,ge	123		verbot, verboten ← verbieten		
unterschreiben	st,ins,h	134		verbrauchen	wk,ins,h	177
unterstehen	st,ins,h	157		verbrechen	st,ins,h	46
unter|stellen	wk,h,ge	4		verbrennen	mi,ins,h/s	21
unterstellen	wk,ins,h	30		(sich *acc*)		
unterstreichen	st,ins,h	163		verbringen	st,ins,h	22
unterstützen	wk,ins,h	74		verdacht(e) ← verdenken		
untersuchen	wk,ins,h	30		verdächtigen	wk,ins,h	177
unterweisen	st,ins,h	188		verdanken	wk,+dat,ins,h	177
unterwerfen	st,ins,h	192		verdarb ← verderben		
unterzeichnen	wk,ins,h	105		verdauen	wk,ins,h	177
unterziehen	st,ins,h	199		verdenken	mi,ins,h	23
urteilen	wk,h,ge	76		**verderben**	**st,ins,h/s**	**174**
verabreden	wk,ins,h	106		verdeutschen	wk,ins,h	177
(sich *acc*)				verdienen	wk,ins,h	177
verabscheuen	wk,ins,h	30		verdirbst, verdirbt ← verderben		
				verdoppeln	wk,ins,h	69

249

251

weinen	*wk*,h,ge	76
weisen	**st,h,ge**	**188**
weißen	*wk*,h,ge	66
weiß, weißt ← wissen		
weiter|fahren	*st*,h/s,ge	35
weiter|gehen	*st*,s,ge	51
welken	*wk*,s,ge	76
wenden	**mi,h,ge**	**189**
(sich *acc*)		
werben	**st,h,ge**	**190**
werden	**st,s,ge**	**191**
werfen	**st,h,ge**	**192**
werten	*wk*,h,ge	2
wetteifern	*wk*,h,ge	184
wetten	*wk*,h,ge	2
wich ← weichen		
wickeln	*wk*,h,ge	69
(sich *acc*)		
widerfahren	*st*,ins,s	35
wider|hallen	*wk*,h,ge	4
widerlegen	*wk*,ins,h	30
widerrufen	*st*,ins,h	114
widersetzen	*wk*,ins,h	74
sich *acc*:+dat		
wider|spiegeln	*wk*,h,ge	69
(sich *acc*)		
widersprechen	*st*,ins,+dat,h	152
(sich *dat*)		
widerstehen	*st*,ins,+dat,h	157
widerstreben	*wk*,ins,h	30
widmen	*wk*,h,ge	3
(sich *acc*)		
wieder|geben	*st*,h,ge	49
wiederholen	*wk*,h	30
wieder|holen	*wk*,h,ge	4
wieder|kehren	*wk*,s,ge	4
wieder|kommen	*st*,s,ge	81
wieder|sehen	*st*,h,ge	142
(sich *acc*)		
wiegen	**st,h,ge**	**193**
wiegen	*wk*,h,ge	76
wiehern	*wk*,h,ge	184

wies ← weisen		
will ← wollen		
winden	**st,h,ge**	19
(sich *acc*)		
winken	*wk*,h,ge	7
wirbst, wirbt ← werben		
wird ← werden		
wirfst, wirft ← werfen		
wirken	*wk*,h,ge	7
wirst ← werden		
wirtschaften	*wk*,h,ge	
wischen	*wk*,h,ge	7
wissen	**st,h,ge**	19
wob, wöbe ← weben		
wog, wöge ← wiegen		
wohnen	*wk*,h,ge	7
wollen	**mo,h,ge**	19
wringen	**st,h,ge**	19
wuchern	*wk*,h/s,ge	18
wuchs, wüchse ← wachsen		
wühlen	*wk*,h,ge	7
(sich *acc*)		
wundern	*wk*,h,ge	18
sich *acc*		
wünschen	*wk*,h,ge	7
(sich *dat*)		
würbe ← werben		
wurde, würde ← werden		
würdigen	*wk*,h,ge	7
würfe ← werfen		
würfeln	*wk*,h,ge	6
würgen	*wk*,h,ge	7
würzen	*wk*,h,ge	7
wusch, wüsche ← waschen		
wusste, wüsste ← wissen		
zacken	*wk*,h,ge	7
zahlen	*wk*,h,ge	7
zählen	*wk*,h,ge	7
zähmen	*wk*,h,ge	
zanken	*wk*,h,ge	7
(sich *acc*)		
zappeln	*wk*,h,ge	6

zaubern	wk,h,ge	184	zeugen	wk,h,ge	76
zaudern	wk,h,ge	184	**ziehen**	**st,h/s,ge**	**199**
zausen	wk,h,ge	103	zielen	wk,h,ge	76
zedieren	wk,h	165	ziepen	wk,h,ge	76
zehren	wk,h	76	zischen	wk,h,ge	76
zeichnen	wk,h,ge	105	zittern	wk,h,ge	184
zeigen	wk,h,ge	76	zog, zöge ← ziehen		
(sich acc)			zögern	wk,h,ge	184
zeitigen	wk,h,ge	76	zu|bereiten	wk,h	2
zementieren	wk,h	165	ptp zubereitet		
zensieren	wk,h	165	züchten	wk,h,ge	2
zentralisieren	wk,h	165	zucken	wk,h,ge	76
zentrieren	wk,h	165	zücken	wk,h,ge	76
zerbrechen	st,ins,h/s	20	zu|erkennen	mi,h	77
zerbröckeln	wk,ins,h/s	69	ptp zuerkannt		
zerfallen	st,ins,s	36	zu|fallen	st,h,ge	36
zerfetzen	wk,ins,h	74	zu|fügen	wk,h,ge	4
zerfleischen	wk,ins,h	198	zu|geben	st,h,ge	49
zergehen	st,ins,s	51	zu|gehen	st,s,ge	51
zerkleinern	wk,ins,h	184	zu|hören	wk,+dat,h,ge	4
zerknautschen	wk,ins,h	198	zu|klappen	wk,s,ge	4
zerlaufen	st,ins,s	86	zu|kleben	wk,h,ge	4
zerlegen	wk,ins,h	198	zu|kommen	st,s,ge	81
zermürben	wk,ins,h	198	zu|lassen	st,h,ge	85
zerreiben	st,ins,h	107	zu|machen	wk,h,ge	4
zerreißen	st,ins,h	108	zu|muten	wk,h,ge	2
(sich acc)			zünden	wk,h,ge	106
zerren	wk,h,ge	76	zu|nehmen	st,h,ge	98
zerrinnen	st,ins,s	113	zurecht|finden	st,h,ge	39
zerschlagen	st,ins,h	126	sich acc		
(sich acc)			zurecht|kommen	st,s,ge	81
zerschneiden	st,ins,h	133	zu|reden	wk,+dat,h,ge	106
zersetzen	wk,ins,h	74	zu|richten	wk,h,ge	2
(sich acc)			zürnen	wk,h,ge	105
zersplittern	wk,ins,h	184	zurück|fahren	st,h/s,ge	35
(sich acc)			zurück|gehen	st,s,ge	51
zerstören	**wk,ins,h**	**198**	zurück|kehren	wk,s,ge	4
zerstreuen	wk,ins,h	198	zurück|kommen	st,s,ge	81
(sich acc)			zurück|laufen	st,s,ge	86
zertrampeln	wk,ins,h	69	zurück|legen	wk,h,ge	4
zertrennen	wk,ins,h	198	zurück|schrecken	wk,h/s,ge	4
zertrümmern	wk,ins,h	184	zurück|setzen	wk,h/s,ge	74